JN154746

5つの問題解決パターンから学ぶ
実践メソッド

BOM（部品表）
再構築の技術

三河 進
Mikawa Susumu

日本能率協会マネジメントセンター

はじめに

● BOM再構築の道標、実践ハンドブックとして

　本書を書くきっかけとなったのは、部品表（以下BOM）の基礎知識に関する書籍や記事は多数あるが、BOMによる経営課題の解決や再構築の実践、事例に関する出版物は存在しないと思ったことである。

　BOMとは、製品を構成する部品リストのことであり、生産管理や生産計画のマスター情報としての利用が従来の主な用途だった。しかしこの10年で、製造業を取り巻く環境変化によりBOMが果たす役割は多様化し、その管理プロセスも大幅に複雑化した。

　環境変化の例としては、企画、販売、開発、生産、サービスなどの業務プロセスのグローバル化による製品バリエーションの増加、開発期間短縮、開発・生産プロセスの分散化がある。また、自動車業界におけるメガリコール対策としてのコンプライアンスの強化、IoT、AIに代表される新しいテクノロジーの登場などもあげることができる。

　一方、プロジェクト遂行の視点では、プロジェクト企画や実行の難易度が大幅に上昇した。リーマンショック以降、業務改革や情報システム投資に対する戦略性の要求や投資対効果の評価は一段とシビアになったといえる。

　筆者は製造業向けのコンサルタント業務に従事しているが、コンサルティング・プロジェクトの位置付けも大きく変化した。リーマンショック以前は、特定の事業部や部門の業務やシステムを対象とした改革や企画案件が主流であった。しかし、それ以後それらの案件は姿を消し、現在大部分を占めるのは、開発や営業、生産技術、製造やサービスなど、部門を横断した企業全体、または海外拠点を含む全世界的な企業グループ全体最適化に向けた業務改革やシステム構築のためのプロジェクトである。

　製造業の経営企画部員や情報システム部員には、プロジェクトの企画力、業務分析力、解決策の創出能力、プロジェクトにおけるリーダーシップ、訴求力のあるプレゼンテーションなど、これまでにないスキルの要求がなされるようになったのでないだろうか。

　本書は、リーマンショック以降に発生した実際のBOM再構築プロジェクト事例をモチーフとして整理した5つの問題解決パターンを解説している。その中で、BOMが果たす役割の具体的な変化、企業グループ全体最適化を

指向した製造業のモノづくり業務改革やシステム構築のあり方、プロジェクトの推進方法、実践的に活用できるノウハウ、手法やツールを提供することをねらいとしている。

● 経営課題解決と、日々の実践課題解決の両面へのアプローチ

しかし、実際にプロジェクトを遂行する上では、経営課題や事業課題に対する大局的視点が必要な課題解決プロセスと、日々発生する実践課題を解決するための知識や意思決定精度向上の両面の対応が要求される。

本書の特長は、これらに対して「本編」と「解説」の2つのアプローチで情報提供していることだ。

「本編」では、事例に基づいたプロジェクトの推進経緯について、一貫してBOM再構築が必要な背景と環境変化、それにより発生した問題点、問題点に対する解決方法、プロジェクトの進め方と活動体制を問題解決パターン別に整理した結果を紹介している。

「解説」では、目的別BOM、部品番号のあり方、BOMの履歴管理、BOMの管理システム機能、モジュラー設計手法、業務要件定義の方法、RFP（提案依頼書）の記載方法など、一般に流通していないBOMに関するノウハウや、プロジェクトの現場で生まれた実践的なツールに関する情報を提供している。

さらに、読者自身がBOM再構築プロジェクトを設計する際に間違いやすい留意点、プロジェクト成功企業の法則（逆にいうと、よくある失敗パターン、やってはいけないこと）について解説し、締めくくっている。

● 本書が想定する3つの読者グループ

また、本書では以下3つの読者グループを設定した。

一番目のグループは、経営幹部、事業幹部の方々である。他業界、同業種における改革動機やモノづくりプロセス改革や情報システム投資のテーマ設定の事例やあり方について提言する。

二番目のグループは、主要グループである製造業の業務改革やシステム構築に従事する方々である。改革テーマ設定、プロジェクトの企画、推進、BOMに関する実践的なノウハウに関する情報を提供している。

三番目のグループは、問題解決に従事するすべての人である。BOMというテーマに限定せず、コンサルティング・アプローチとしてのプロジェクト

でのソリューション構築プロセスに少しでも貢献できればと願っている。

＊

　最後に、本書の執筆、出版においては、多くの方のご協力をいただくことができた。この場を借りて、厚くお礼を申しあげたい。

　クライアント企業およびプロジェクトメンバーの皆さまとは、BOM再構築をテーマとしたプロジェクトの推進や問題解決方法について、長時間の検討を経て、コンセプトをより現実的なものとすることができた。また、本書出版におけるコンセプト公開についても、前向きな見解をいただいた。

　また本書の終章は、筆者が執筆した『日経xTECH』の連載記事である「ものづくりプロセス改革の功罪」から抜粋、加筆・修正したものである。日経BP社の木崎健太郎氏ならびに関係者の皆さまには、筆者のBOMや開発・生産に関する記事をネット上に何度も取りあげていただき、本書への転載もご快諾いただいた。

　NECのObbligatoビジネス関係者、コンサルティング事業部およびPLMグループメンバーからは、多忙中にもかかわらず原稿に対する多くの助言をいただいた。

　そして、日本能率協会マネジメントセンターの渡辺敏郎氏からは、筆者への執筆機会、本書の企画や9ヵ月間にわたる長い執筆期間中、常に助言と激励をいただいた。

　皆さまのご協力と情熱がなければ、本書は決して完成しなかっただろうと思う。

2018年11月　三河 進

はじめに ………………………………………………………………………… 3

序　章
BOMの再構築が急務である理由

1 製造業におけるBOMの役割 …………………………………………… 12
2 いまBOM再構築が必要な理由 ………………………………………… 14
3 5つの問題解決パターン ………………………………………………… 21

第1章
グローバルモノづくりを強化するためのBOM再構築

1 固定化した開発・生産拠点マップとローカルルール ……………… 28
2 グローバルモノづくり強化の目指す姿（1） ………………………… 30
3 グローバルモノづくり強化の目指す姿（2） ………………………… 32

CONTENTS

4 プロセス標準化を前提とする BOM 再構築プロジェクト ……… 34
5 業務プロセス・フローの標準化ロジック ……………………… 36
6 グローバル品番ルールの標準化 ………………………………… 40
7 ロードマップの策定 ……………………………………………… 50

第2章
ホストリプレースを契機とした BOM 再構築

1 ビジネススピードに合わなくなった基幹システム …………… 60
2 改革プロジェクトの立上げと準備 ……………………………… 62
3 シングル BOM が発生させる問題 ……………………………… 65
4 目的別 BOM のコンセプトと効果分析 ………………………… 73

第3章
設計 BOM を軸とした技術情報管理と投資対効果の評価

1 海外展開に伴う技術情報取得時間の増大 ……………………… 82
2 設計 BOM を軸とした技術情報管理のフレームワーク ……… 84
3 グローバル技術情報ポータルのコンセプト …………………… 91
4 定量効果の推定方法 ……………………………………………… 94

第4章
モジュラー設計とBOM再構築による多品種化とLT短縮の両立

1 グローバル市場獲得に向けた競争力の強化 ……………………… 100
2 改革コンセプト1：バリューチェーンの目指す姿 ……………… 102
3 改革コンセプト2：モジュラー設計の導入 ……………………… 106
4 モジュール化パイロットのキックオフ ………………………… 109
5 固定・変動分析と決定表の作成 ………………………………… 112
6 新業務コンセプトの具体化 ……………………………………… 122
7 目的別BOMの連携 ……………………………………………… 126
8 モジュラー設計改革の実行 ……………………………………… 130
9 効果検証 …………………………………………………………… 133

第5章
図面文化からの脱却

1 技術と生産の連携プロセスで発生する問題 …………………… 138
2 改革コンセプトの仮説 …………………………………………… 141
3 改革コンセプトの実現に向けて ………………………………… 146

CONTENTS

第6章
BOM再構築プロジェクトの設計

- **1** BOM再構築のプロジェクト全体フロー ……………………… 152
- **2** 構想企画フェーズの進め方 …………………………………… 158
- **3** プロジェクト目的設定のポイント …………………………… 160
- **4** プロジェクト目標設定のポイント …………………………… 162
- **5** 現状分析（定性分析）のポイント …………………………… 164
- **6** 現状分析（定量分析）のポイント …………………………… 166
- **7** 解決策策定のポイント ………………………………………… 170
- **8** 効果分析のポイント …………………………………………… 172
- **9** プロジェクト計画立案のポイント …………………………… 178
- **10** 構想企画の報告 ………………………………………………… 180

終章
モノづくりプロセス改革で成功する企業に共通する7つの法則

- **1** 法則1　明快な改革コンセプト ……………………………… 186
- **2** 法則2　本質的な問題へのアプローチ ……………………… 189
- **3** 法則3　定量的な成功基準と結果指標のマイルストーン管理 …… 191
- **4** 法則4　意思決定を迅速にする実行体制 …………………… 193
- **5** 法則5　改革への関心を持続する経営幹部 ………………… 196
- **6** 法則6　部門間調整を円滑にする事務局 …………………… 198
- **7** 法則7　改革を定着・継続する情報発信 …………………… 200
- **8** 7つの共通法則セルフチェックの勧め ……………………… 203

解説

- 解説① 部品番号のあり方 …………………………………………………… 42
- 解説② 目的別 BOM（1） ……………………………………………………… 52
- 解説③ BOM の履歴管理方式（1） ……………………………………………… 68
- 解説④ BOM の履歴管理方式（2） ……………………………………………… 76
- 解説⑤ PLM システムの機能概要 …………………………………………… 87
- 解説⑥ モジュラー設計におけるさまざまな分析 ………………………… 116
- 解説⑦ 目的別 BOM（2） ……………………………………………………… 148
- 解説⑧ 業務要件定義の手順 ………………………………………………… 156
- 解説⑨ 論点攻防図の作成手順と活用のポイント ………………………… 176
- 解説⑩ RFP（提案依頼書）作成のポイント ……………………………… 182

Column

- ■ **合宿形式によるプロジェクト立上げワークショップ①**
  ユーザー部門の参画の問題 ………………………………………………… 125
- ■ **合宿形式によるプロジェクト立上げワークショップ②**
  ユーザー自身がビジョンを描く …………………………………………… 129
- ■ **合宿形式によるプロジェクト立上げワークショップ③**
  合宿の効果 …………………………………………………………………… 132
- ■ ファシリテーションの技術 ………………………………………………… 169

序章

BOMの再構築が急務である理由

本章のポイント

　BOM（Bill of Material）とは、部品表や材料表と呼ばれる製品を構成する部品のリストである。本章ではまず、BOMがなぜ製造業にとって不可欠な存在なのか、その目的や役割を認識共有する。

　次に、近年BOMを再構築する企業が多いが、その背景にある経緯や理由、将来展望について言及する。

　さらに、再構築するに当たっての問題と解決策を分析し、5つの問題解決パターンとして、以下のように類型化した。

1. グローバル開発・生産への適合型
2. シングルBOMから目的別BOMへの変革型
3. 技術情報のグローバル一元管理型
4. 仕様の多様化とリードタイム短縮の両立型
5. 図面文化からの脱却型

　詳細は第1章以降で説明するが、ここではこれらのパターンが適用できる問題や企業の特徴、コンセプトの要旨について紹介する。

　そして最後に、改革プロジェクトの成功確率を高めるためのポイントについても提言する。

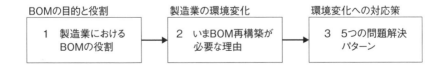

1 製造業におけるBOMの役割

BOMは製品を構成する部品のリストであるが、なぜ製造業にとって不可欠であり、業務プロセスに対してどのような貢献をするのだろうか。

●コンカレント・エンジニアリングのベース

　製品の品質やコストは、設計の段階で大部分が決定されるといわれる。開発の初期段階から製品構成を模したBOMを作成するのは、それに付随する情報を追加することで、設計の成果や進捗を共有することがねらいである。

　1人だけで設計するのであれば、この段階でBOMなど必要ないかもしれない。しかし、ほとんどの企業では、設計部門内のチームや部門を横断してのコンカレント・エンジニアリングが進められている。たとえば、設計者10人、5つのユニットで構成される製品のチーム設計を行うとすれば、BOMがなければ、他の設計者がどのような構成で進めているのか、逐次確認しなければ把握できない。また、開発初期段階から、製品設計と生産技術の検討を並行化することもある。その場合も、BOMをキーとして図面や3Dモデルを共有しながら並行開発を行う。

　製品コストの80%は、出図前に決まると言われる。出図後にコストダウンを検討するよりも、出図前に十分に検討する方が、制約がはるかに小さいからだ。BOMにコストの目標や見積値、実績値を登録し、達成度を管理するのである。コストは、生産技術や購買が実際の見積を行うので、出図前のBOMに付与されたコスト情報を共有しながら部門横断で検討を行う。

●生産管理プロセスにおけるマスター情報

　BOMは生産管理プロセスにおけるマスター情報であり、生産はこれに基づいて計画的に実行される。設計部門からリリースされたBOMや図面をもとにして、工場で生産マスターとしてのBOMを完成させる。購買部門は、設計部門が定義しなかった発注用の部品の追加、自社調達が不要な部品の削除、調達の標準リードタイム設定などを行う。生産技術部門は、生産工程で必要な中間品の設定や、工程情報と標準作業時間などを登録する。

BOMの精度が高いと、生産プロセスの精度は高くなる。逆に精度が低いと、マニュアル管理が増加し、管理負荷の増大やミスの発生など、円滑に生産が進まないという問題が発生する。

● 保守・サービスの品質・精度向上

保守やサービスは、生産した製品の出荷後や生産終了後も継続する。スマイルカーブ（製品開発の上流と下流で高い利益率を上げることができるというモデル）でも語られるように、保守やサービス事業で高収益を上げる企業は多い。これには、複写機のトナーに代表される消耗品や、工作機械などの生産装置におけるサービスパーツの提供や修理・メンテナンス事業などが該当する。

BOMはサービスパーツとして供給可能な部品のリストを提供する。また、生産設備などの受注生産型のメーカーでは、保守・サービスの場面で、出荷した製品構成を正確に特定することで、メンテナンス時間の短縮、保守履歴の綿密な管理が可能となる。このようにして、継続的な顧客との関係性を築くことに貢献するのだ。

図表序・1に、各業務におけるBOMの役割を整理したので、合わせてご確認いただきたい。

図表 序・1 BOMの各業務プロセスにおける目的

業務プロセス	目 的
開発・設計	開発検討、チーム設計、コンカレント・エンジニアリング 部品種類数削減 製品コード、部品コード採番 製品機能・構成管理 原価企画（部品別目標原価設定）　　　　　　　　　　など
生　産	工程情報管理 調達・在庫管理用中間品目設定 内外作設定 資材所要量計画 製品別原価計算 生産計画立案 調達計画立案 製造指示　　　　　　　　　　　　　　　　　　　　など
保守・サービス	サービスパーツ（品番）の特定 出荷構成の管理 保守履歴の管理　　　　　　　　　　　　　　　　　　など

2 いまBOM再構築が必要な理由

従来からBOMは企業内の設計、生産、保守のプロセスで活用されてきたが、近年BOMを再構築するプロジェクトが多く発生している。これには、製造業を取り巻くドラスティックな環境変化が関係している。その要因を以下のように分析した。

● グローバルに分散化する開発・生産プロセス

　開発・生産プロセスのグローバル化がBOM再構築の契機になっている。これは、グローバルにビジネスを展開する多くの自動車業界のメーカー、電気メーカー、産業機械メーカーなどで発生する課題である。

　10年前と比較して、製造業の海外生産の比率はかなり高くなった。図表序・2は、日本の大手自動車メーカーであるトヨタ自動車の国内と海外の生産比率の推移をグラフ化したものだ。自動車の海外生産シフトは、比較的ゆっくりと進行しているといわれるが、トヨタ自動車の海外生産比率は、2002年の38％に対し2017年には65％となり、15年間で27ポイント増加した。さらに、サプライヤーである自動車部品メーカーは、これに追随する形で海外生産工場を設立している。

　それ以外の視点では、組立系製品に関する貿易構造が大きく変化した。図表序・3は、電気・電子製品の貿易特化係数の推移を示すグラフである。貿易特化係数とは「（輸出額－輸入額）÷（輸出額＋輸入額）」で算出される指標であり、輸出が多いと＋1、輸入が多いと－1、均衡すると0に近づく。輸出の割合が多くなるとこの数値が大きくなることから、国際競争力指標とも呼ばれる（参考：金融情報サイト「iFinance」）。

　図表序・3を見ると、1988～2017年の間に、家庭用電気機器は0.6 → －0.7、音響・映像機器は0.85 → －0.4までいずれも大幅に低下したことがわかる。輸入が相対的に増えた理由は、日本企業が海外生産した製品の逆輸入と、外資系製品の輸入の増加が考えられる。このように貿易構造から見ても、生産拠点の海外シフトが進行したといえる。

　また、多くの日本企業は欧米や中国などに生産拠点を設立すると、そこを拠点とした現地市場向け開発と生産を開始してきた。しかし、開発と生産が

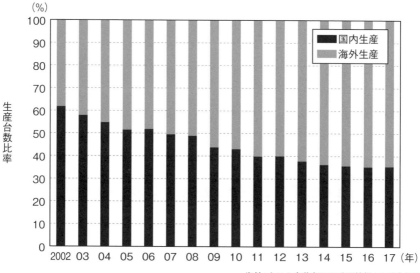

図表 序・2 トヨタ自動車の国内外生産台数比率の推移

資料：トヨタ自動車HPの公開情報から独自作成

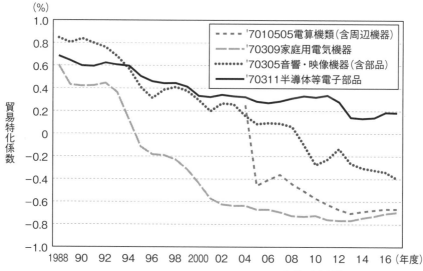

図表 序・3 電気・電子業界の貿易特化係数の推移

資料：財務省「貿易統計」から独自作成

グローバルに展開されると、権限の分散による個別最適化の発生という新たな課題が発生する。本来は1つの企業であるので、生産拠点が違っても同じ品質の製品を供給できることが前提である。しかし、それを達成するためには、各拠点で制定されたローカルプロセスやルールを統制・制御する必要が生じるのだ。

たとえば、拠点都合による資材調達や生産設備の違いがあげられる。もとは同じ図面であっても、完全に同一の部品、工程で生産ができないのだ。日本からの供給部品と現地調達部品において微妙に精度が異なる場合には、「図面を新規作成する／しない」「部品番号を分ける／分けない」の判断が必要となる。現地での裁量をもった判断が、拠点個別のローカルルールを発生させる。グローバル開発・生産では、これに類するローカルルール統制の問題が山積なのである。

一例をあげてみたが、このようなことが、グローバル開発・生産におけるBOMの複雑化を助長している。

● リコールの大規模化

リコールの大規模化が、BOM再構築の契機になっている。メガリコールは自動車業界で多く発生する問題であるが、自動車業界は階層構造になっているので裾野が広い。電気メーカーや産業機械メーカーに部品を供給する部品メーカーであっても、自動車業界向けのモジュール・部品を開発・生産する企業は多く、対岸の火事ではないと見る経営者も多い。

図表序・4は、国土交通省が発表した自動車のリコール件数と対象台数の推移である。近年の傾向として、件数は大きく増加していないが、対象台数が大幅に増加していることがわかる。これは、リコール1件当たりの対象台数が急増したことを意味する。

この現象は、自動車メーカーにおける車種を超えたモジュールや部品の共通化が一因とされている。最近は、自動車部品メーカーにおいてもグローバル競争が激化し、低コスト化のために、納入する自動車メーカーを超えた部品の共通化を行っていて、世界的なメガリコールの発生原因となっているとのレポートもある（参考文献：『日経オートモーティブ』2015年9月号）。

これらの問題に対して、法令と企業努力の両面で対策が実行されている。図表序・5は、2015年に施行された法令改正である。改正前は、国土交通省から直接的に報告義務を課せられるのは自動車メーカーだけであり、部品

メーカーは、自動車メーカーからの質問に対する回答義務はなかった。しかし改正後は、部品メーカーも国に対する報告が義務化されることになった。

一方、企業努力面では、多くの企業がトレーサビリティの強化を実行中で

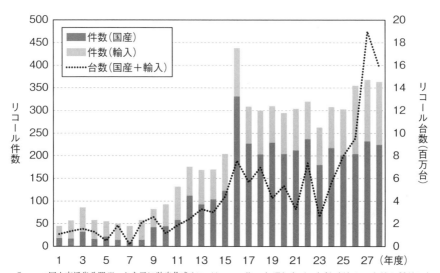

図表 序・4　自動車のリコール件数・台数の推移

Source：国土交通省公開データを元に独自作成 http://www.mlit.go.jp/jidosha/carinf/rcl/data_sub/data004.html

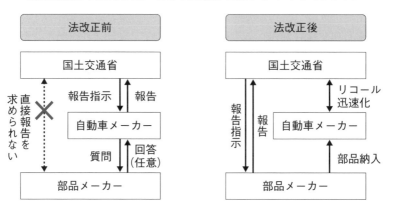

図表 序・5　自動車産業における法規制の改正（コンプライアンス）

出典：「部品メーカーも強制調査対象に、改正道路運送車両法が成立。」
2015.6.17, 日本経済新聞　夕刊3ページ

ある。これは、報告義務への対応もあるが、問題が発生した場合の自社経営へのインパクト最小化の意味合いも強い。トレーサビリティとは、生産プロセスにおけるロットやシリアル番号単位で、資材調達や生産条件、設計や生産プロセスの変化点を記録し追跡することで、問題発生原因を特定する能力のことである。トレーサビリティが不十分だと、品質問題が発生した場合に、最悪の場合には、疑わしいモジュールや部品を総交換することになる。しかし、詳細なトレーサビリティの分析能力があると、短時間で問題のある部品や工程を特定し、被害を最小化することができる。さらに、国や自動車メーカーへの説明も明瞭化できるのだ。

トレーサビリティ強化は、主にBOM上で表現される部品番号（以下、品番と表記することもある）やリビジョン管理による対応と、実績収集側での対応が考えられるが、ここではBOM上の対策例を紹介する。

従来、形状変更されても、部品の互換性が保証される場合には、BOM更新の負荷を下げるために、部品のリビジョンを上げないルールを持つ企業は意外と多かった。しかし、近年、どのような微細な変更であってもリビジョンアップする方式が主流になってきている。リビジョンアップにより設計変更やBOM更新のオペレーション負荷は増大するが、トレーサビリティの強化策としては、推奨される取組みである。

部品番号による対策としては、同じ図面であっても、サプライヤーや生産設備、工程が異なる場合には、部品番号を別にする方法が考えられる。部品番号を見ただけで、サプライヤーや生産条件の違いを視認することができるので、トレーサビリティの強化につながるのである。

従来から生産条件別の採番を行っていたとしても、グローバルレベルで標準化はされておらず、直面する顧客対応のために、拠点ローカルルールで実施しているのが現実的な姿であろう。したがって、全社レベルのトレーサビリティ強化策としては、生産条件別の採番ルールをグローバルで標準化することが考えられる。これにより、実績収集プロセスやシステムの共通化が可能になる。

部品番号やリビジョン管理のルールの変更はBOMやその関連システムに大きい影響を与える。しかし、従来ルールでトレーサビリティ対策の限界に直面すると、BOMの再構築が不可避の対策として検討されるのである。

●テクノロジーの進化

最後に、テクノロジーの進化に起因するBOM再構築が発生する可能性や展望について述べておきたい。

昨今、IoTやAIという言葉を聞かない日はない。これらの活用が今後の

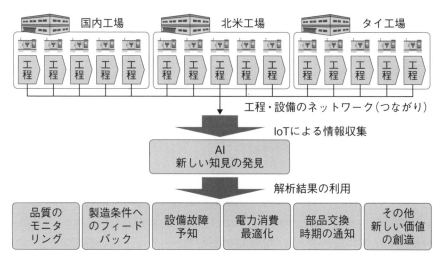

図表 序・6 IoTとAIのモノづくりプロセスへの応用

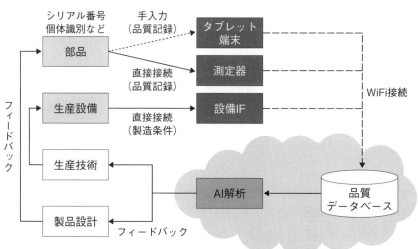

図表 序・7 IoTとAIを用いた品質マネジメントシステム高度化モデル

開発・生産プロセスを進化させると考える経営者も多い。

　図表序・6は、世界中の生産設備をIoTで接続し、収集した結果をAIで分析することで新しい価値を生み出すモデルである。生産がグローバル化すると、製造管理という観点で、日本の本社からは目が届きにくい状況になりやすい。しかし、テクノロジーの活用によって、海外拠点の生産プロセスをリアルタイムに把握することができるのだ。経営者は、日本の会議室にいながら海外工場の生産状況をモニタリングし、生産ラインや設備の稼働状況を見て、拠点を超えた生産プロセスの最適化や平準化の指示を出すことができる。

　また、生産拠点別のコストを正確に知ることは、最適生産拠点の決定やパフォーマンスを図るための重要な情報である。IoTを用いて、グローバルで標準化した方法で生産実績（作業時間や設備の稼働時間）を取得し、コストの実績として捉えるのである。

　図表序・7は、IoT経由で部品の測定結果から品質記録や製造条件を蓄積し、AIで解析した結果を設計や生産技術にフィードバックして、製品の改良につなげる品質マネジメントシステムの高度化モデルである。

　このモデルを用いると、設計や生産技術が、自身が設定した設計パラメータや製造条件の基準値に対する実績値を知ることができる。生産拠点による生産設備や工程の違いが、当初設計したものに対してどのように作用するかを知ることは、開発のPDCA高速化やスキル向上において有効な情報になり得るだろう。

　近い将来、最新テクノロジーを活用することを目的とした基盤としてのBOM再構築が発生する可能性を提言しておきたい。

3 5つの問題解決パターン

筆者は、これまでさまざまな製品開発プロセス改革に関するプロジェクトの支援をテーラーメイド型で行ってきたが、BOM再構築については、過去のプロジェクトを類型化し、5つの問題解決パターンに整理した。

● グローバル開発・生産への適合型

　第1の問題解決パターンの「グローバル開発・生産への適合型」は、複数の事業部を有し、グローバルで開発・生産を行うメーカーにおいて、業務プロセスやITシステムのローカライズが進行し、グローバルレベルの情報ガバナンスや組織の再編を短期間に実現できない場合に適用するアプローチである。この10年間で、電機メーカーや自動車部品メーカーを中心として多くのプロジェクト事例が発生した。

　モチーフとした複数の事例は、いずれも事業部や海外の開発・生産拠点に権限移譲がされており、その自律的活動により事業拡大してきたという共通点がある。しかしその反面、業務プロセスが個別最適化され、個々にITシステムが導入され、多くのローカルルールが発生する傾向が見られる。これは、事業が順調に成長している間は問題にならないが、事業環境が変化すると、組織や業務が硬直化していることが原因で組織や業務の再編が簡単にできないという問題が発生しやすい。

　とくに自動車業界では、メガリコール対策が課題となり、グローバル一丸となった対策が必要である。しかし、各拠点で制定されたローカルルールが障害になり、対策を一気に打てないという状況が続いていた。

　このアプローチでは、最初に業務プロセスやルールの組織別の差異を抽出し、標準化した後にBOMの再構築を行うという手順を踏む。

　第1章で紹介する問題解決パターンでは、いくつかのモチーフをもとに、一般化したストーリーでプロジェクトの進め方や解決のコンセプトを提言し、BOMに関する基礎知識について解説したい。

●シングルBOMから目的別BOMへの変革型

　第2の問題解決パターンである「シングルBOMから目的別BOMへの変革型」というアプローチは、製品を1つのBOMとして定義したために、さまざまな業務の非効率性や精度の低下を引き起こしてきた企業に適用できるものだ。筆者の経験則であるが、製品に対してBOMが1つしかなく、それがホストコンピューター上で管理されている企業は、現在でも製造業の半数を占めるのではないかと感じている。

　「シングルBOM」とは、製品を定義するBOMは企業に1つしかないという考え方である。当然、理想的にはこのとおりであり、1つのBOMで定義できるのであれば、そうすべきである。しかし、昨今組織が複雑化し、製品シリーズを複数の生産工場で生産することは一般的となった。また、開発期間短縮のために、設計、生産技術、購買、生産管理の各部門がコンカレントに業務を遂行することも必要である。これらの場合、BOMが1つであると管理しきれない場面が増えてきた。

　たとえば、複数の代替品が存在する電子部品を設計部門がBOMに組み込むとする。「国内工場ではそのうちの1つを調達都合で選択する」また「海外工場では別の部品を選択する」といった場合に、部門や拠点でBOMが異なるので、どうしても分けて管理せざるを得ない。また、コンカレント・エンジニアリング・プロセスにおいて、設計部門は最新の部品リビジョンを用いて製品構成を定義したいが、生産工場は生産時点で使用する部品リビジョンで製品構成を管理したいという矛盾が容易に発生する。

　第2章では、半導体製造装置メーカーの事例をモチーフとした問題解決パターンをご紹介する。ここでは、シングルBOMを目的別BOMに分離することによる業務の効率性と精度を改善するコンセプトと、それを実現するためのプロジェクトの推進手順を解説する。

●技術情報のグローバル一元管理型

　第3の問題解決パターンである「技術情報のグローバル一元管理型」は、グローバルに散在する技術情報を、短期間で一元管理型に移行することをねらったアプローチである。すでに、部門や拠点別に個別の技術情報管理は行われているが、グローバル全体での技術情報共有を短期間に実行したい場合に適用可能なアプローチである。

　ほとんどの企業では、技術情報管理は何らかの形で行われており、グロー

バルの各拠点に技術情報管理システムやファイルサーバーは存在する。正式に出図された図面は集中的に一元管理されているのがほとんどだが、製品開発プロセスで生成される技術情報の種類は非常に多く、それらの管理は作成部門に委ねられていることが多い。

しかし、各部門や拠点に導入された技術情報管理システムがあるがゆえに、セキュリティを考慮し、他部門や拠点から情報を容易に取得できないという課題が発生する。第3章ではこの問題解決パターンとして、すでに技術情報管理システムやファイルサーバーが散在している場合に、短期間でそれらの情報を統合・集約、一元管理するためのコンセプトを紹介する。

さらに、投資対効果のアプローチについても提言する。情報システム投資で起案担当者の頭を悩ませるのはこの説明であろう。投資については、要件定義し、システムベンダーから見積を入手することで得ることができるが、定量効果は、客観的に事象を数値化し、周囲を納得させることがポイントとなる。第3章では、その詳細を解説する。

●仕様の多様化とリードタイム短縮の両立型

第4の問題解決パターンは「仕様の多様化とリードタイム短縮の両立型」である。B2Bの受注生産型ビジネスにおいて、特注対応が多発することで、受注から納入までのリードタイムが長くなり、コストアップするために本来の競争力が得られない企業に適用可能なアプローチである。

特注対応による仕様の多様化とリードタイム短縮という概念は矛盾していると思えるが、ほとんどのB2Bビジネスで発生している課題である。たとえば、設備メーカーが受注のために、自社にとって標準外の要求を受け入れるとする。これは特注と呼ばれるものであるが、その対応のために特注の図面を設計し、その部品を個別に調達し、部品納入後に図面を見ながら組立を行うといったリードタイムが長くなるプロセスを個々に実行しなければならない。受注はできるが、そのために設計や生産工場では残業の増加などの担当者へのしわ寄せが生じる。また、特注部分に品質問題が発生した場合には、手戻りや信頼の失墜を生じさせるリスクもある。

第4章では、モジュラー設計による仕様多様化とリードタイム短縮をテーマとした事例をモチーフとしたプロジェクトの推進方法やコンセプトを解説する。さらに、営業プロセスでは、極力標準モジュールの組合わせで受注するという提案型営業または誘導営業を行うことを提言する。解説では、モ

ジュラー設計を導入するための基礎知識や分析ツールについて紹介する。

● 図面文化からの脱却型

　第5の問題解決パターンの「図面文化からの脱却型」は、設計部門がBOMを作成せずに、出図後に生産管理部門が生産BOMを作成するタイプの企業に適用するアプローチである。このタイプの企業では、出図前の段階でBOMが存在しないので、開発チームメンバー間や他部門とのコラボレーション開発やコンカレント・エンジニアリングを実施するための情報基盤がない。そのため、設計部門、購買部門、生産技術部門は、検討中の図面、EXCELなどで個々に作成した文書や打合わせにより、高度な擦合わせを行いながら、設計完成度を高める必要がある。

　第5章では、加工プロセスをコアコンピタンスとする自動車部品メーカーの事例をモチーフとしたBOMと製造工程と製造条件を体系的に管理する技術情報マスターのコンセプトについて解説する。一般的に、設計BOMは部品の加工工程を含まない。しかし、この問題解決パターンでは、その既成概念を取り外し、設計段階から製造工程や設計パラメーター、製造条件を管理対象とし、コンカレント開発を支援しようとしている。

　また、第5章では、ベテラン技術者の知識やノウハウの形式知化についても合わせて提言する。ベテラン技能の継承と、設計・生産連携業務の効率化は、どの製造業でも発生している課題であろう。

　さらに、生産マスターへの連携プロセス、プロジェクトの進め方およびBOP（工程表）の基本概念について紹介する。

● 現在進行中のBOM再構築プロジェクト

　ここまで「5つの問題解決パターン」の概略を紹介してきたが、「いまBOM再構築が必要な理由」のすべてが解決できているわけではない。つまり、製造業の環境変化に対応するためのBOM再構築のプロジェクトは現在進行中であり、今後新しい問題解決パターンが生み出される可能性があるということだ。

　実は、筆者が本書でもっとも強調したいのは、その後の「第6章　BOM再構築プロジェクトの設計」と「終章　モノづくりプロセス改革で成功する企業に共通する7つの法則」である。

　読者自身が業務改革の企画担当者だとすると、第5章まで読み終えた後、

自身のプロジェクトをどのように企画、実行するのかを設計する段階に入るだろう。プロジェクトは、筆者にとっても常にオーダーメイドである。同じプロジェクト推進方法を再現することで解決することはほとんどない。問題解決パターンが適用できたとしても、業種や企業文化により力点を置く場所は変える必要があるからだ。

終章は、筆者の経験をもとに整理した成功企業7つの法則である。実際は、成果不十分な事例から抽出したので、「失敗企業7つの法則」と呼ぶ方が正しいのかもしれない。

すべてのプロジェクトが成功すればいいのだが、当初目標設定したとおりの成果を得られないプロジェクトが存在するのが現実だ。そのような例に対し、筆者は7つの法則のうちいくつかが実践されていないことが原因であると分析している。逆に成功するプロジェクトでは、不思議と経営幹部やプロジェクトリーダー、事務局の人たちに、成功法則を実践する素養が備わっているのである。筆者にとっても、そこから教えられることが多い。

本書で示した問題解決パターンや成功法則が、読者のプロジェクトの企画や実践の参考になり、成功確率を高めることに貢献することを願っている。

第1章

グローバルモノづくりを強化するためのBOM再構築

本章のポイント

　本章では、A社がグループ全体で取り組んだBOM再構築プロジェクトについて紹介する。プロジェクトのストーリーを順に説明していくが、BOMなどの基本概念を解説で補う。

- 改革の背景では、なぜA社がBOM再構築を行う必要があったのか、プロジェクト発足の動機についてご紹介する
- ビジョンでは、グローバルモノづくり強化のために、「グローバル統合BOM」というコンセプトを導入することにしたのだが、そのポイント、ねらいについて説明する
- プロジェクトアプローチでは、複数の事業体、プロセス標準化を前提とするプロジェクトの遂行方法、海外拠点を含めたロードマップの立案を説明する
- 標準化の要素では、業務プロセス・フロー、グローバル品番の2つの観点で解説する
- 品番やBOMの概念について、解説で補足をしながら理解が深まるようにする

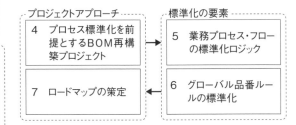

1 固定化した開発・生産拠点マップとローカルルール

組織の統廃合を阻むローカルルールとその発生原因は何か？

● A社の抱える課題

　本章では、一番目の問題解決パターンとして、電機メーカーA社のグローバルモノづくり強化を目的としたBOM再構築事例を紹介する。A社は、産業用や自動車用のエレクトロニクス製品など複数の製品別事業部を有し、国内・海外の生産拠点で生産した製品を、国内および海外市場の企業や消費者に販売している。

　A社は従来、国内で開発・生産し、国内市場主体のビジネスを行っていたが、コスト削減のためにアジアを中心に複数工場を設立し、国内に逆輸入を行うバリューチェーンにシフトさせてきた。そして、図表1・1に示すように、海外市場の売上を拡大するために、海外にマーケティングや開発の拠点を設立し、権限移譲も積極的に進めてきた。

　またA社では、従来から事業部の成長が会社全体の成長につながると考えられていた。その結果、製品別事業部と生産拠点は連結経営的な関係性を強め、固定化した開発・生産マップをつくりあげてきた。

　しかし、会社全体の成長が鈍化した際に、製品別事業部や生産拠点の統廃合、再編が要求されることがしばしばあった。図表1・2に示す事業部や生産拠点の統合、新しい生産委託関係の発生である。しかし、組織の集約化は簡単にできても、本来の意味での業務プロセス統合には時間を要した。その原因は、製品別事業部における開発プロセスの個別最適化や生産拠点との固定化した関係であった。それが開発・生産プロセスにおけるローカルルールや専用の情報システムを発生させていたのである。

　たとえば、各事業部が使用する3D/2DCAD、PDM（製品データ管理）システム、品番ルール、設計変更プロセス、生産管理システムなどにおいて違いがみられた。それが、事業部、工場の組織再編や新規な生産委託の実行時に、業務ルールの整合、プロセスの標準化やシステム統合に膨大な時間とコ

ストを消費し、ビジネス上のボトルネックをつくり出していた。

● プロジェクト始動

このような背景からA社の経営幹部は、グローバルレベルでの開発・生産の基盤を強化するためのプロジェクトチームを発足することを決断した。チームのミッションは、組織統廃合や拠点間取引の柔軟性を高めるために、開発・生産プロセスや技術情報管理・流通ルールをグローバルレベルで標準化し、経営資源の活用を最大化することであった。

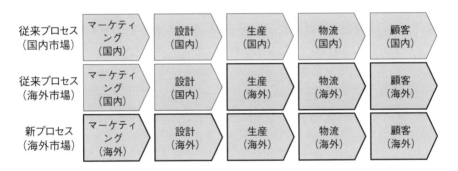

図表1・1　A社のバリューチェーンとグローバルビジネスの変化

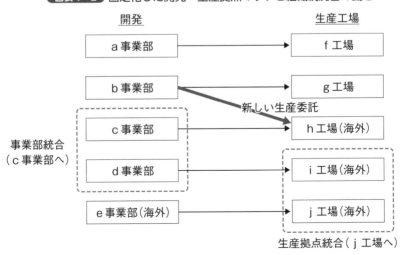

図表1・2　固定化した開発・生産拠点マップと組織統廃合の動き

2 グローバルモノづくり強化の目指す姿（1）

モノづくりを強化する「グローバル統合BOM」のコンセプトとは？

● 改革のコンセプト

　最初にプロジェクトチームは、図表1・3に示す改革コンセプトを作成し、経営幹部に以下のような説明を行った。

　現状（改革前）の業務モデルは図の左側に示すように、製品別の事業部が開発を行い、生産拠点は開発がリリースした技術情報を受け取り、それに基づき生産を行っている。開発と生産拠点は固定化された関係にあり、a、b、c、eの各事業部で開発された製品は、原則的にそれぞれに対応するf、g、h、jの工場で生産されている。

　固定化された関係は、生産工場の稼働率が高いと問題にならないが、特定製品の売行きが停滞すると、稼働率が低下する工場が発生する。

●「グローバル統合BOM」による技術情報の統合的管理

　目指す姿（改革後）は図表1・3の右側の業務モデルであり、開発・生産の関係固定化の制約を解消することをねらいとする。中央部分に示されるのは、「グローバル統合BOM」と呼ばれるコンセプトであり、A社グループ全体で標準化された部品番号をキーとした部品情報、設計BOM、生産BOM、図面、3Dモデル、設計変更などの技術情報を統合的に管理する。

　さらに、ここに格納される技術情報は、品番ルール、管理属性、文書体系、文書テンプレートなど、標準化されたルールに準拠している。これにより、事業部間の技術情報の共有や活用が容易になり、拠点間の技術情報の移転、コラボレーションの促進、事業部や拠点の統廃合を短時間に実現できる。

　また、生産拠点にとっても、技術情報が標準化されているので、同じフォーマット、プロセスで受領することができ、設計変更の連絡方法も、事業部に依存しなくなる。それにより、これまでに生産実績のない事業部の製

図表1・3 グローバル統合BOMによる技術情報の統合管理

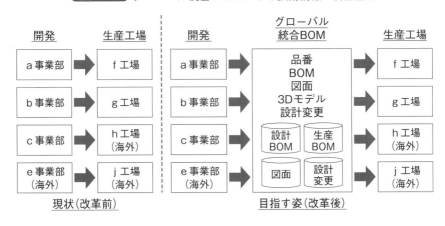

品を生産する場合の準備も効率化できるようになる。

　さらに「グローバル統合BOM」の標準ルールの制約は、グローバル標準、事業部標準、拠点別ルールを層別し、事業部や拠点の自由度を残す。たとえば、BOM、図面、3Dモデル、設計変更、ドキュメントなどの技術情報の採番ルールや管理属性、フォーマットはグローバル標準だが、3DCADやCAEの開発ツールは開発サイドで選択できるようにする。プロジェクト管理システムやCADデータ管理システムについても同様である。生産サイドでも、生産管理システム（ホストやERPパッケージ）を自由に選択することができる。標準ルールに準拠していれば、既存のシステムを活用することができるので、新たにグローバル標準に合わせたシステムを導入する必要がなく、投資コストは最小限にすることができる。

　データフォーマットについては、「グローバル統合BOM」内の3Dモデルや2D図面は、CADのネイティブデータではなく、グローバルで標準化した軽量中間フォーマットとする。これにより、特定CADのライセンスを持たなくてもビューワーがあれば参照することが可能であり、データサイズも小さくすることができる。

　プロジェクトチームはこのような、既存プロセスやシステムを有効活用し、投資コストや抑制する工夫も合わせて提案した。

3 グローバルモノづくり強化の目指す姿（2）

生産実績をグローバルで共有する効果と前提条件とは？

● 開発・生産拠点間の情報共有

　プロジェクトチームは、別の視点の問題も合わせて提案した。それは、部品の在庫や調達に関する生産実績のグローバル情報共有に関することであった。これについては、以下の調査結果の概要を説明した。

　図表1・4の左側はA社の現状を示す。開発と生産拠点間で生産状況に関する確認が行われているが、電話、メール、打合わせが主な方法である。

- 開発担当者は、生産拠点の生産管理担当者から個別に在庫情報をヒアリングし、設計変更をリリースするタイミングを図っている
- 開発担当者は、部品の購買取引コストの実績情報を電話やメールで入手し、見積や原価企画を行っている
- 生産工場の購買部門は、欠品リスクを回避するため、他拠点の部品管理担当者に在庫情報を電話やメールで確認している

● 情報共有2つの阻害要因

　もし、これらの情報がデータで共有されていれば、人を介した情報取得は必要がなくなるはずだ。しかしA社には、生産に関する情報共有を阻害する2つの要因があった。

　まず、生産工場におけるローカル品番の存在である。ある生産工場では、開発が定義した品番（ここでは、設計品番と呼ぶ）に対し、生産品番（工場側の都合で、設計品番に独自のルールの桁を追加した品番）を定義している。たとえば、

　設計品番：A001　の場合
　生産品番：A001-001（サプライヤーXから購入した部品）
　　　　　　A001-002（サプライヤーYから購入した部品）

というルールで、複数社購買用に、サプライヤーを区別するための生産品番

図表1・4 グローバル統合BOMによる生産情報の可視化

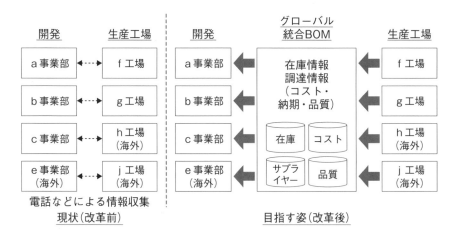

が設定されている。これ以外にも、仕向け先やノックダウン品など、さまざまな生産管理上の区別を行うための生産品番が設定されている。

二番目は、ERPや生産管理システムが生産工場独自で導入されていることである。基本的に生産工場は生産実績情報を公開しておらず、リクエストベースで情報を入手する必要がある。

● 前提となるのはグローバルなルールの標準化

これらの調査結果を踏まえ、プロジェクトチームは経営幹部に対し、生産工場で発生した生産実績情報を「グローバル統合BOM」にフィードバックし、全社レベルで共有するコンセプト（図表1・4の右側）を提案した。さらに、その実現により次のことが期待できると説明した。

- 実際に生産する生産拠点を意識した原価企画（コスト目標管理）
- 生産拠点の残在庫を意識した設計変更タイミングの最適化
- 生産工場別の生産コストの違いの把握
- 拠点を横断した購買コストの共有による世界最安値調達
- グローバルレベルの在庫の最小化、活用の効率化　など

ただし、このコンセプト実現は、生産品番の運用ルールのグローバル標準化、生産実績開示ルールの標準化が前提条件であることを付け加えた。

4 プロセス標準化を前提とする BOM再構築プロジェクト

組織により業務プロセス、ルールが異なる場合のBOM再構築時の推進上の工夫、手順とは？

●4つのフェーズでプロジェクトを遂行

ここまで説明した2つの改革コンセプトを実現するためには、品番、業務プロセスや拠点間の情報開示ルールを標準化することが不可欠であった。1つの事業体を対象としたBOM再構築のプロジェクトであれば、構想企画フェーズや要件定義フェーズから開始することができる。しかし、今回のプロジェクトの対象は、固有のローカルプロセス、ルールを持つ複数の事業体であるため、プロセスやルールの全体最適化、標準化から開始する必要があった。

そこでプロジェクトチームは、BOM再構築プロジェクトを図表1・5のように4フェーズで遂行するよう計画した。

(1) プロセス標準化フェーズ

本フェーズでは、標準化する組織・業務の対象の明確化（スコーピング）、複数事業部・拠点の現状業務プロセスの把握、それらのプロセス差異の明確化を行う。そして、現状業務上の問題解決方法、標準化方針について、国内および海外拠点に説明して合意を得ることを目的として活動する。

最終的に、海外拠点を含めた全体のBOM展開ロードマップを立案し、それも合わせて整合する。

(2) システム化計画フェーズ

このフェーズでは、RFP[*1)]の作成、開発委託先の決定、構築費用の予算化、システム開発計画の立案を行う。この検討内容を経営幹部に報告し、BOMシステム再構築プロジェクトを正式にキックオフする。

(3) システム開発フェーズ

このフェーズ以降は、システム開発の方法論に則って行う。ただし、信頼性の高いシステムを短期間で構築するために、PLMのパッケージソフトを活用する。PLMパッケージには、BOMや技術情報を管理するための機能が

図表1・5 プロセス標準化を前提としたシステム構築の進め方

フェーズ名称	プロセス標準化	システム化計画	システム開発	システム導入
フェーズの目的	・活動計画を立案する ・現状業務を分析し、部門間の差異を明確化する ・プロセスの標準化方針を策定し、新業務を設計する ・海外拠点を含めて新業務を検証し、全体ロードマップ案を作成する ・新業務を実現した場合の効果を推定する	・新業務を実現するためのRFP（提案依頼書）を作成する ・RFPを用いて開発委託先を決定する ・費用見積とシステム化のロードマップを作成する ・経営幹部に報告し、システム化実行の承認を得る	・新業務を実現するための、システム機能要件定義を行う ・システムの詳細設計を行い、ユーザーレビューを完了する ・詳細設計の結果に基づき、システムを開発する ・システムに関するテストを行い、最終的に本番環境に近い環境を用いてテストし、本番に備える ・ユーザー教育を行う	・システム化のロードマップに基づき、拠点展開する ・運用当初、想定した効果が得られているかを確認する ・運用改善を継続する

標準で備わっているからだ。パッケージ活用のためには、システム開発開始前に、パッケージの標準機能を十分に理解し、カスタマイズを極力削減する努力が必要である。

(4) システム導入フェーズ

BOM展開ロードマップに基づき、海外拠点を含めた各事業体に順次システムを導入する。海外拠点への展開も発生することから、グローバルレベルのガバナンス体制、運用支援体制を同時に検討・組織化する必要がある。

用語解説

*1) RFP：Request For Proposalの略。システム委託者が、開発委託先を選定するために発行する提案依頼書のこと。

5 業務プロセス・フローの標準化ロジック

業務プロセスの現状分析、差異分析、標準化方針の策定手順について解説する。

プロジェクトチームは、プロセス標準化フェーズをキックオフした後、現状業務分析、差異分析、標準化方針の策定という3つのステップを遂行した。

● 現状業務分析

プロジェクトチームは、設計BOMや図面の新規リリース、変更に関する業務プロセス、設計BOMと生産BOM連携プロセスを中心に、実務者に対してヒアリングを実施した。ある1つの事業部の現状業務プロセス（設計変更プロセス）の分析例を図表1・6に示す。

現状業務分析結果は、大きく左から、業務フロー、各プロセスのインプット、処理、アウトプット、使用する情報システムで構成した。さらに、ヒアリング時に実務者が発言した問題と思われる事象を、コメントとして追記した。

これをスコープの4つの主要事業部と関連工場、対象業務プロセスについて繰返し実施し、全業務の分析を完了した。

● 差異分析

次にプロジェクトチームは、4つの事業部と関連工場の現状業務分析結果を、比較する業務単位（製品原価の見積、新規設計（機構）、出図、設計変更、調達マスターの設定、生産計画立案など）にまとめ、横並びで比較できるようにした。

図表1・7は、業務単位である「設計変更」に対して整理した差異分析の結果例である。この分析方法では、「設計変更」を変更要求段階、変更実施段階、変更承認段階1、変更承認段階2、変更通知段階の5ステップに分割した。それぞれのステップについて、4事業部のプロセスを比較すると、5つの差異があることが判明した。

その差異を、図表1・8に示す標準化方針検討シートの差異分析結果記入欄に記入した。5つの差異は、以下であった。

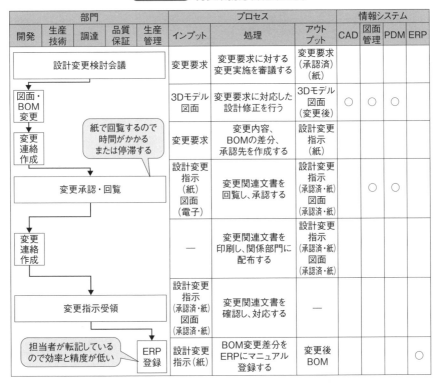

図表1・6 現状業務分析結果の例

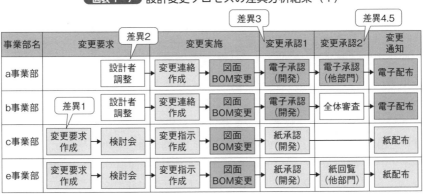

図表1・7 設計変更プロセスの差異分析結果（1）

① 変更要求の作成の有無
② 変更要求に対する実施判断の方式
③ 開発内部における変更承認方式
④ 開発以外の変更承認部門
⑤ 開発以外の変更承認方式

●標準化方針の策定

　次にプロジェクトチームは、各事業部の代表者を招集し、差異原因の特定と標準化方針を策定するワークショップを実施した。その際のコンサルタントからの助言は、標準化ロジックとベストプラクティス（先進事例）を使うことであった。各事業部は現行踏襲傾向が強く、簡単にプロセスを変更することに合意しない可能性があるからだ。

　標準化ロジックとは図表1・9に示されるもので、差異の原因が事業や製品特性に起因するという理由以外は、プロセスを会社標準で決めた方針に変更するという考え方である。たとえば、標準化ロジックを使うと、以下のような仕分けが可能となる。

- 自動車向けのモジュールや部品を開発する事業部の場合、トレーサビリティの要求水準は高いので、履歴管理プロセスは個別化する
- 過去からの習慣、ITツールの違いにより発生した手段的な理由であれば、標準化（プロセスを同じにする）する

　そして、もう1点はベストプラクティスの活用である。自社の中でもっとも優れたプロセスであったとしても、社外にはもっと優秀なプロセスが存在する可能性がある。自社より優れたプロセスベストプラクティス（先進事例）が存在するのであれば、それを標準プロセスとして積極的に採用するという考え方である。

　この内容を踏まえ、コンサルタントは、図表1・8のベストプラクティスの欄に、現時点で考えられるもっとも優秀なプロセスを記入した。さらに、各事業部の代表者は、差異が発生している点について、事業や製品特定に起因しているかどうかを判定した。結果はいずれもNOであり、すべての項目をA社の効率のよいプロセス、またはベストプラクティスに集約する方向性の合意を得た。図表1・8の標準化方針記入欄には、その結果を記入した。

　数ヵ月にわたってこの手順を繰り返し、BOMや図面リリースに関連する全業務プロセスの標準化方針を策定し、プロセス設計を完了した。

図表1・8 標準化方針検討シート

差異番号	差異番号	a事業部	B事業部	c事業部	e事業部	ベストプラクティス	製品・事業特性に起因	標準化方針
1	変更要求の作成有無	なし	なし	あり	あり	あり	NO	あり
2	変更要求に対する実施判断	設計者自身が調整	設計者自身が調整	検討会で審議	検討会で審議	検討会で審議	NO	検討会で審議
3	開発内部の承認方式	電子承認	電子承認	紙承認	紙承認	電子承認	NO	電子承認
4	開発以外の変更承認部門	生産管理 購買 生産技術 製造	生産管理 購買 生産技術 製造	なし	なし	生産管理 購買 生産技術 製造	NO	生産管理 購買 生産技術 製造
5	開発以外の承認方式	電子承認	会議＋紙承認	なし	紙回覧	電子承認	NO	電子承認

差異分析結果記入欄 / 標準化方針記入欄

図表1・9 標準化ロジック

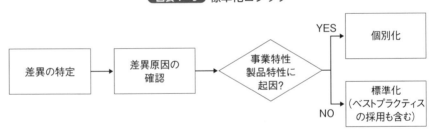

6 グローバル品番ルールの標準化

BOMの中核である品番の基礎知識と見直し方法について紹介する。

● 抱えている課題の整理

現状ヒアリング中に、品番の採番ルールにおいて、事業部や生産工場別のローカルルールが多数あることが判明した。プロジェクトチームは、各事業部の品番の採番ルールを調査し、図表1・10のように整理した。以下は、ヒアリングで確認したポイントである。

- 品番には、事業部別に運用される設計品番と、生産工場で独自でルール化された品番（以下、生産品番と呼ぶ）が存在する
- b事業部とc事業部は、すべてが意味あり桁であり、品番は2～3年以内に枯渇するリスクがある
- 設計品番も生産品番も、事業部、工場により運用が統一されていないため、事業部横断の開発プロジェクトや、連結関係にない事業部の製品を生産する場合には、設計品番のルールを確認し、整合してから生産準備を開始する必要がある

● ルールの設定

本プロジェクトの目的は、開発と生産拠点の関係の柔軟性を高めることであり、現在運用される品番やローカルルールは見直しが必須であった。プロジェクトチームは、グローバル品番標準化方針の策定に当たり、以下の方針を掲げた。

- 各事業部や工場が利用する共通性の高い情報は優先して品番に表示する
- 極力意味なし化し、意味情報は属性化する
- トレーサビリティに関する強化策を品番で実施する

プロジェクトチームは、品番上に表示する情報の優先度を検討し、図表1・11に示す品番に関するグローバル標準化方針を策定した。

図表1・10 各事業部と連結工場の部品番号の採番ルール

桁	1	2	3	4	5	6	7	8	9	10	11	12	13	14	15
	開発が定義										生産工場が定義				
a事業部 f工場	機種番号				連番				バリエーション	履歴	発売年	手配先	生産計画用	工程	
b事業部 g工場	機種番号				部品分類			色 左右		履歴	仕向け	ノックダウン	ラベル識別		
c事業部 h工場	顧客番号		製品区分	機種番号			部品分類			色	履歴	手配先	仕向け	生産計画用	
e事業部 j工場	製品区分	機種番号			連番				履歴		手配先	ノックダウン	ラベル識別		

図表1・11 部品番号のグローバル標準化方針

品番表示候補	設計用	生産用	a事業部 f工場	b事業部 g工場	c事業部 h工場	e事業部 j工場	標準化方針
機種番号	○		○	○	○	○	品番に表示
顧客番号	○				○		属性化
製品区分	○				○	○	属性化
連番	○		○				品番に表示
部品分類	○			○	○		属性化
設計用バリエーション	○		○			○	品番に表示
色	○			○	○		属性化
左右	○			○			属性化
履歴	○		○	○	○	○	品番に表示
発売年		○	○				属性化
仕向け		○	○		○	○	品番に表示
手配先		○	○	○		○	品番に表示
ノックダウン		○	○		○	○	属性化
生産計画用		○	○	○		○	属性化
ラベル識別		○	○		○	○	属性化
工程		○	○	○			品番に表示
生産用バリエーション							品番に表示

解説① 部品番号のあり方

◎コードの原則

　ここでは部品番号（以下、品番）について説明する。その前に、品番の上位概念であるコードの原則について共有しておきたい。コード体系の見直しは、ERPの導入時に実施されることが多い。では、よいコードとはどのようなものだろうか。一般に、よいコードには以下の特長があるとされる。

(1) 環境変化に左右されず、過去～将来にわたって可能な限り「一元性の原則を保証」できること

　「環境変化に左右されず」とは、組織、製品分類、商流などは中長期的に見ると変化する可能性があるので、それらを意味のある情報として、コードに持たせないほうがよいという意味だ。

　筆者のこれまでの経験では、品番に顧客区分、組織、製品分類、部品分類、法規（含有化学物質など）の情報を「意味あり」で付与している企業が多い。これらの情報が品番に入っていると、環境変化した際にその運用がうまくいかなくなり、ローカルルール、暫定ルールをつくり始めることになる。

(2) コードに「固定的意味を持たせず」、変動項目はすべて「属性」として扱う

　これは意味ありコードを否定し、コードは意味なしであるべきということを示唆している。その代わりに、コードで表現する情報は属性として管理する。情報システムの普及が十分でなかった時代では、コードの視認性が悪いと、業務効率や正確性に問題が出ることも考えられた。しかし、ITが普及した現在、たとえばタブレットに付属するカメラなどでバーコードを読み取るだけで、それに付随する多くの情報を瞬時に取得することが可能になった。

　品番について考えると、たとえば部品ラベル（梱包に貼り付けられた品番、部品名称、ロット情報などの情報が記載されたシール状の紙）や、作業指示書（生産工程で作業担当者が参照する、必要な部品や作業手順が記載された紙の帳票）に記載されたバーコードを、ハンディスキャナーで読み取るだけで、部品の属性や図面を瞬時にPCやタブレットの画面に表示することが可能だ。

完全な意味なし品番を採用している企業の比率は高くはないが、グローバルレベルで理解しやすいルール、ITの活用といった観点で、有効な品番ルールであろう。

(3)「1物1コード」の原則

これは「1つの管理対象は1つのコードで管理される」ことを意味している。たとえば、1つの組織には1つのコード、1つの製品（細分化された機種）には1つのコード、1つの取引（発注の単位など）には1つの取引コードが設定されて、管理される。

品番の世界で考えると、開発部門が設定する「1つの部品は、1つの設計品番を持つ」、またある工場の生産管理部門が設定する「1つの部品は1つの生産品番を持つ」「1枚の図面は1つの図面番号で管理される」という具合である。

逆にいうと、企業情報の中で、同じものを複数のコードで管理（1つの部品を生産工場別に別品番で管理するなど）すると、取引やコスト比較などの際に変換が発生し、効率性や正確性が損なわれることになる。

◎部品番号方式1（意味なし品番）

最初に紹介する意味なし品番は、部品の違いを識別するためだけの役割を果たす品番方式だ。図表①・1は、グローバル製造業における意味なし品番を採用した事例である。

1、2桁目は、過去の品番ルールで採番された品番と重複を防止するための固定文字である。たとえば「Z」などの文字を1桁目に置くことで、レガシー品番（意味なし品番を導入する前の品番体系）との重複を確実に防止する。2桁目の事業分類は、コードの原則で「コードに固定的な意味を持たせない」ということも矛盾しているようだが、この企業の場合、商業用車両、乗用車両という恒久的な事業をもっているので、視認目的というよりも、事業間の重複防止の意味合いが強い。

3〜8桁目は、意味のない連番（シリアル番号）である。部品同士に派生関係、色違いなどのバリエーション関係があったとしても、単なる連番で表現されているので、品番だけからその派生関係を視認することはできない。たとえば、日本で設計された部品が存在し、それを中国で生産するために現地の生産工程に合わせて図面の公差指示を変更していたとする。この場合、

派生関係を確認するためには、PLMシステム上のリレーション（派生元と派生先の関係）で管理する必要がある。

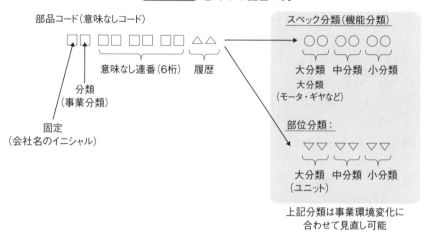

図表①・1　意味なし品番の例

意味なし品番のメリットは、桁数を少なくできることだ。連番の6桁だけでも、数字だけで表現しても100万部品、OやIを除外した英数字であれば、15億以上の部品を定義することができる。品番をタイピングする時間を削減できるメリットも大きい。また、企業の基幹システムや生産設備は品番の桁数の制約があることがある。品番の意味や属性を簡単に取得できるシステムがあれば、意味なし品番にすることでさまざまなメリットが得られる。

品番に付随する情報は、PLMシステム上では、標準化や検索性向上を目的としたスペック分類や部位分類で属性として管理される。また、部品分類によって管理属性を変えることも可能だ（たとえば、電子部品でダイオードと抵抗のスペックは異なるので、それぞれに標準化を推進するためのスペックを属性で管理する）。

図表①・1では、品番の機能分類やその部品が使用される部位が、属性として管理されている。さらに、属性情報は部品表や現品票などの帳票上で品番と併記することも可能だ。

◎部品番号方式2（一部意味あり、一部意味なしのハイブリッド）

方式2の一部意味あり、一部意味なしのハイブリッド型品番は、現代の製造業でもっともポピュラーな方式であろう。

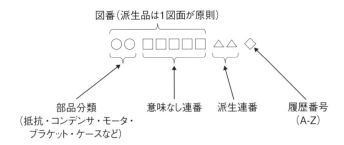

図表①・2　一部意味あり、一部意味なし品番の例

例の最初の2桁は、部品分類を示す。多くの製造業は、部品の標準化を推進する傾向が強い。この2桁で部品の種類を特定し、そこから類似部品を検索して使えるならば、それを新機種でも流用する。これにより、部品の標準化を推進するのである。

調達や製造の現場でも、部品の分類を品番に表示することで、発注や製造ラインへの供給における間違いを低減する効果があるとされる。

ただし、部品分類の桁数については、最適化が必要である。2桁であれば、数字だけを利用するなら100分類が上限だ。複数事業を有する企業において100の部品分類は果たして十分であろうか。しかし、英数字を用いると1156種類（OとIと除外）をもつことができる。部品分類の再定義は、品番見直しの際に議論すべきポイントであろう。

次の5桁は意味なし連番である。数字だけを用いても、1つの部品分類に対して10万品番を発番することが可能だ。十分と見ることもできるが、過去の年間品番発生数を調査して、将来の必要数のシミュレーションにより桁数は決定する必要がある。

8、9桁目の派生連番については、この後の解説（◎図面番号と部品番号）で補足するので、ここでは割愛する。

◎部品番号方式3（意味あり品番）

最後に紹介するのは、図表①・3に示す、すべて意味あり桁で構成した意味あり品番方式である。

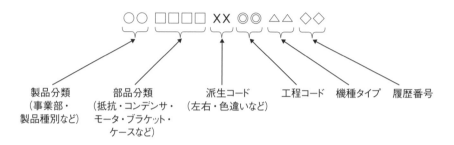

図表①・3　意味あり品番の例

この品番例を構成する情報は、製品分類、部品分類、派生コード、工程コード、機種タイプ、履歴番号であり、合計14桁である。

視認性がよく、「現場でのハンドリングがしやすい」「部品の標準化の推進に利便性がある」などの特長がある。

一方で、「品番枯渇問題が発生しやすい」「環境変化が発生した場合に何らかの対応をしなければならない」といった課題がある。また、桁数が長くなる傾向にあり、品番にさらに桁を追加する場合、基幹システムや生産設備に影響が出る場合が多い。

この状況を考えると、非合理的な方式であると思われるが、現代でもこの方式で運用している企業は多い。事業が発足した当時は、IT化がそれほど進んでおらず、品番の視認性に頼ることが効率的であったのだろう。それから、大きい見直しをすることもなくこの方式が踏襲され続け、現在に至っていることがその経緯である。

◎部品番号方式の比較

これまでご紹介した3つの品番方式を元にした比較表（図表①・4）を作成した。方式1、2、3の順に意味あり傾向が強くなる。それに従って、視認性が高くなる一方で桁数が多くなり、情報処理効率が低下する。また、意味の固定化の影響で環境変化した場合の対応力が低くなる。

筆者のこれまでのコンサルティング経験では、方式1の企業は存在するが、少数派である。方式2と3については、同程度の数の企業や事業部が存在する。現在、見直しの必要性がもっとも高いのは、製品バリエーションの増加やグローバル生産が進行中で、方式3を採用している企業であろう。このタイプの多くの企業は、品番枯渇問題や、多品種化による品番表現方法の問題、生産拠点や生産条件違いによる品番管理方法の問題に直面しやすい。

　コンサルタントの視点で見ると、「方式1、2のどちらがいいか」との問いに対して明確な回答はない。方式3は、現代のIT環境を考えると、桁数が多い、環境変化に弱いという観点で明らかに劣っており、見直しが必要だ。

　筆者は、「現在の開発や生産の運用環境から移行しやすいのはどちらか」「これまでの習慣（品番から意味を読み取って作業する長年の習慣）、企業風土に合うのはどちらか」という観点から回答している。

◎図面番号と部品番号

　従来は、図面番号＝部品番号という企業が多かったが、多品種化、グローバル生産、製品における組込みソフトの増加により、図番と品番を分ける企業が増加している。1枚の図面で、複数の部品や生産条件、制御ソフトの違

図表①・4 品番方式の比較

フェーズ	特徴	メリット	デメリット	適用企業
方式1 （意味なし品番）	1物をユニークに識別することだけに役割を果たす	桁数が少なく、事務処理効率・正確性が高い 将来への拡張性が高い 採番自動化が容易 グローバル製造業での運用実績	コードによる分類ができない 品番だけによる視認性がない 意味や分類は属性コード併用で補完	多数の事業を有する大手グローバル製造業
方式2 （一部意味あり・一部意味なしのハイブリッド）	意味なし連番と意味ありコードの組合わせで構成	視認性と情報処理効率化の両立 金型や生産地違いなど、トレーサビリティ対応を品番で表現 基本的なコード分類が可能	意味や分類は不完全 採番自動化コスト発生 事業環境変化による品番体系見直しの発生リスク	複数の事業を有する中堅グローバル製造業
方式3 （意味ありコード）	コードに意味を持たせ、それ自体で分類や意図を伝達	視認性が高い	桁数が長くなる 事業環境変化により管理が困難化 品目数増加による品番枯渇 採番自動化開発コスト大	事業数が少ない中堅製造業

いを表現する必要性が高くなったからである。

図表①・5は、先頭の8桁目までを、図番と品番で同一とし、品番の9、10桁目をバリエーションとした例である。ねらいは以下のとおりである。

(1) 仕様の多様化、バリエーション対応

1枚の図面に複数の部品バリエーションを定義し、図面枚数を削減する。組込みソフトウェアの違い、色や左右、長さ違いなどをバリエーションとして表現することが可能である。

(2) 生産条件の違い

生産拠点が違うと、生産設備、製造条件、金型、作業者、調達する原材料やサプライヤーなどが違う。図面が同じだからといって、もはや同じ品番で管理できない。

工場別に品番のローカルルールを許容すると、生産拠点間で部品の取引を行う場合に品番管理が煩雑になる弊害があり、注意が必要だ。

BOM再構築に伴い品番を見直す場合、図番と品番の関係についても合わせて検討することをお勧めする。

◎品番をキーとした技術情報管理

品番と図番を別コードとした運用を導入する場合、この方式に慣れていない企業では、発注時や製造現場で図面を取り違えるリスクがあるので、注意が必要だ。

これには、図表①・6のように、品番をキーとして、図面や部品情報、その他の部品に関連する技術情報を管理することと、この管理方式に慣れる必要がある。

これが定着すると、図表①・7に示すとおり、品番をキーとして、PLMシステムから最新の図面データや属性を参照することができ、生産ラインなど、さまざまな場面で部品情報を活用することができるようになるだろう。

図表①・5 図番と品番が異なる運用例

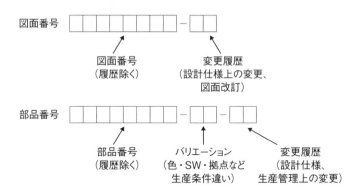

図表①・6 品番をキーとした技術情報管理

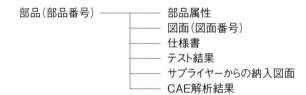

図表①・7 品番をキーとした情報取得

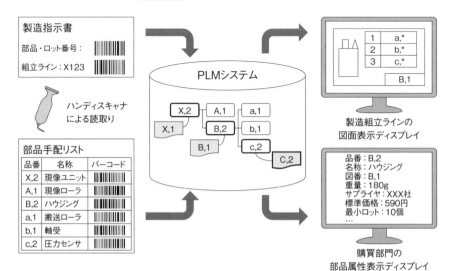

7 ロードマップの策定

企業グループレベルのBOM再構築ロードマップ策定の注意点と手順について解説する。

●ロードマップの立案

ここまでの活動で、BOM管理プロセス、品番ルール、ERPとの連携方式の標準化方針を策定した。そして、その結果に基づいた新業務を設計し、国内および主要海外拠点と整合した。次のプロジェクトチームの作業は、その実現に向けたロードマップ（実行計画）を立案することであった。

1拠点に導入する業務アプリケーションのシステム構築と異なり、グローバル共通で利用するBOMや品番システムの再構築であるので、プロジェクトチームは、事業部や各生産拠点への業務の影響やビジネス的な優先順位を考慮して、ロードマップを立案することが重要であると認識していた。

●ロードマップの策定方針

そこで、ロードマップ策定方針を以下のように掲げた。

- 本プロジェクトの期間は、プロセス標準化活動、検証後3年とする
- システム開発に着手する前に、海外の生産拠点と構想および新業務やルールに関する事前検証を十分に行う
- 国内拠点への新BOMシステム構築と導入は同時に行う
- 海外拠点へのシステム展開は、各拠点や事業部とのヒアリング結果からビジネスの優先順位を検討し、シリアル展開（順次展開）することとする。また、各拠点における導入・教育に関する期間は半年間かけることとする
- 国内の各事業部が新BOMシステムを導入し、対応する海外拠点が未導入である移行期間においては、各拠点の責任で、新システムからの技術情報（BOM、図面など）を受領できるように対応する
- 国内の各事業部および海外拠点の新BOMシステム導入に関する費用負担については、プロジェクトがいったん負担し、利用部門から使用時間

図表1・12 グローバル展開ロードマップ

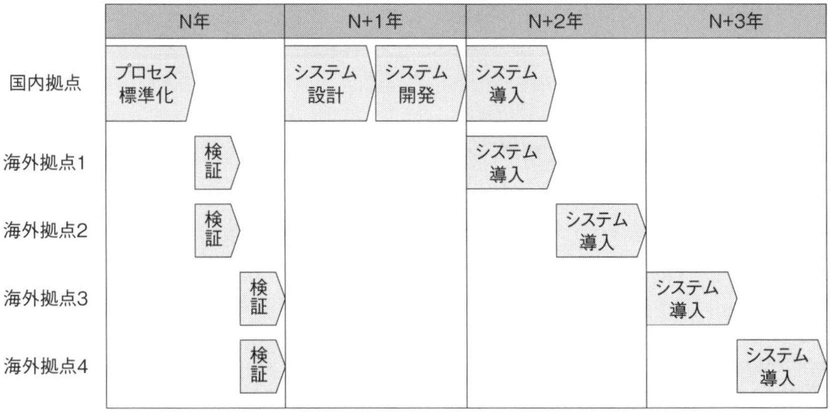

	N年	N+1年	N+2年	N+3年
国内拠点	プロセス標準化	システム設計 → システム開発	システム導入	
海外拠点1	検証		システム導入	
海外拠点2	検証		システム導入	
海外拠点3		検証		システム導入
海外拠点4		検証		システム導入

に応じた課金という形で費用回収するモデルとする

　プロジェクトチームは、ここまでの検討結果を経営幹部に報告し、内容に関する同意を得た。

　経営幹部は、プロジェクトチームに対し、システム開発を委託する候補先から、新業務やBOMのコンセプトを実現するための概算費用や大まかな構築スケジュールに関する提案を入手することを指示し、本フェーズの終了と、次フェーズへの移行を了承した。

●本プロジェクトのその後

　このフェーズの後、A社は海外拠点との新業務検証やシステム開発・導入フェーズに入っていったが、方向性を修正しながら、プロジェクトで想定したタスクをおおむね完了することができた。その中で、プロジェクトを成功させるためのいくつかのポイントや教訓を発見した。それについては、終章であらためて解説する。

解説② 目的別BOM（1）

◎設計BOMと生産BOMの違い

　本編で、設計BOM、生産BOMという言葉が登場したが、ここでこれらの基本的な概念を押さえておきたい。設計BOMはE-BOM（イー・ボム：Engineering BOMの略）、生産BOMはM-BOM（エム・ボム：Manufacturing BOMの略）と呼ぶこともある。

　設計BOMは開発部門がリリースするBOMのことで、技術的な観点で製品構成を階層的に表現したものである。PLMシステムの中で管理されることが多い。図表②・1の左側は設計BOMを示すが、図中の（B,2）のような記号は、品番のリビジョンを除いた桁がB、リビジョンが2であること示している。PLMシステムの中では通常、設計BOMを構成するアイテムに技術情報（図面、3Dモデル、仕様書、CAE結果、実験結果など）を関連付けて管理する。広義には、品目情報と構成情報を合わせて設計BOMと呼ぶことが多いが、狭義にはBOMは構成情報だけを指す。

　図の右側は生産BOMを表す。生産BOMは一般的にERPや生産管理システムで管理され、生産計画、調達計画の立案や、生産進捗管理をするためのマスターとして活用される、モノづくりにおける重要な情報である。生産BOMの構成は設計BOMをもとに作成するが、設計BOMから構成を組み換えて生産BOMを作成することが多い。図で示されている構成編集例は以下のとおりである。

- 複数社から購買する部品があるために、サプライヤーごとに品番を個別に設定し、それぞれに購入比率を員数に設定している（図では（C,1）をもとに、サプライヤー別に（C-1,1）と（C-2,1）という個別の品番を定義している）
- 設計BOMでは末端部品まで定義されているが、アセンブリ（C,1）を外部に製造委託するので、生産BOMではアセンブリ（C-1,1）と（C-2,1）以下の部品は基本的に削除する。ただし、委託先への支給品（D,2）があるので、自社で調達するため、MRP（資材所要量計画）の対象となるようにBOM中に残しておく

　また、生産BOMで管理する情報は、生産工程（ライン）、製造リードタ

イム（以下、LT）、サプライヤー、調達LT、取引価格などである。正確には構成（BOM）ではなく、品目属性として管理されるが、生産BOMが保有する情報といってもよい。また、調達BOMという言葉も使用されることがあるが、生産BOMの購入品に絞った一形態であると考えてよいだろう。

図表②・2は、説明した内容を比較してまとめたものである。

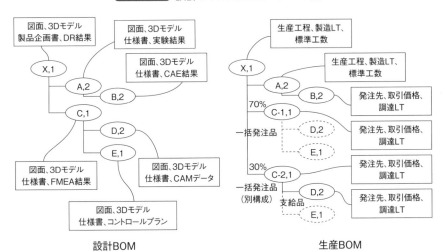

図表②・1 設計BOMと生産BOMの違い

図表②・2 設計BOMと生産BOMの比較

比較観点	設計BOM	生産BOM
生産管理、生産技術、購買	開発、設計	生産管理、生産技術、購買
管理システム	PLM	ERP、生産管理システム
表現する構成	技術的な観点の製品構成	実際に生産するための製品構成
管理、付随情報	図面、3Dモデル、仕様書、実験結果など技術検討資料	製造LT、調達LT、サプライヤー、生産ライン、有効期間、取引価格、梱包形態など生産、調達、物流に必要な情報

◎設計BOM（E-BOM）（アセンブリメーカー）

　設計BOMをさらに正確に捉えるために、データベース的な概念を押さえておきたい。

　図表②・3のように、設計BOMは、品目と構成に分解される。品目は、品名、品番、リビジョン、品目タイプ、材料、スペック値などの属性で定義される。構成は、親品番、子品番、員数などを管理する。BOMとは、親品番から末端の子品番までを展開した部品リストのことである。

　また、品目では代替品（機能的に互換性があり、工場が調達都合で選択できる部品）を設定することができる。

◎生産BOM（M-BOM）

　設計BOM同様、データベース的に生産BOMを構成する品目マスターと構成マスターを図表②・4で確認してみよう。

　設計BOMとの違いは2点ある。まず、品目が管理する情報が大きく異なることだ。生産BOMの品目は、技術情報以外に、調達情報、財務情報、製造情報、物流情報などが追加され、基本情報には有効期間（その部品が生産上、有効になる日）を管理する。

　また、構成は生産工程を意識した構成に組み換えられることがあり、また有効期間が設定されることもある。例は後述する。

　開発部門から、図面や設計BOMが新規または変更という形でリリースされた後、製造サイドでは上記の情報を追加して、生産BOMを完成させる。

　調達部門は、新規品番やリビジョンに対して、調達情報（サプライヤーや調達LTなど）や財務情報を追加する。生産技術部門は、工程名称や降順、工程基準時間、設備などの製造に関する情報を追加する。

　また生産管理部門は、設計変更の切替え指示や在庫情報を確認し、有効期間を設定する。有効期間により旧品番（旧リビジョン）と新品番（新リビジョン）を具体的に何日から適用するかを決定することができる。

◎設計BOMから生産BOMへの構成組換えの例

　続いて、生産BOMの構成編集について、例を用いて確認してみよう。設計BOMがリリースされた後、生産管理部門は工程設計結果に合わせて構成を組み換え、生産BOMを完成する。図表②・5に生産BOMの編集例を示す。

解説② 目的別BOM（1）

図表②・3 設計BOMにおける品目と構成例

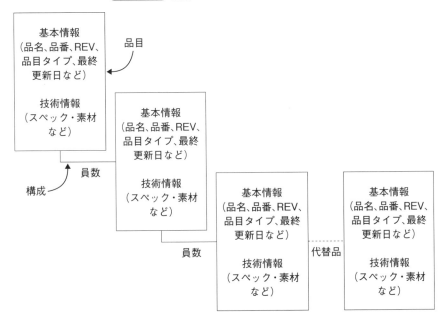

図表②・4 生産BOMにおける品目と構成例

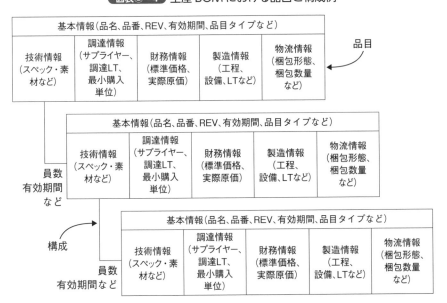

(1) 機能の削除、中間品の設定

　設計BOMでは「本体を制御する」という機能が定義されていたが、生産BOMでは削除された。代わりに、生産上の中間品として「メイン基板」、発注用中間品としての「SMT（電子部品のプリント基板への表面実装）」が設定された。

(2) 製造工程・手順に合わせた部品の位置の変更

　設計BOM上では「制御ソフト」は「マイコン」に書き込むので、マイコンの構成部品として定義されていた。しかし、工程設計の結果「制御ソフト」は完成品の最終組立工程で書き込むことになったので、それは生産BOM上では完成品の直下に移動された。

(3) 支給品、調達不要部品の設定

　「SMT」は発注用の中間品であり、基本的には構成部品はサプライヤーに調達してもらう。そのために、「SMT」の構成部品は生産BOM上から削除された。ただし、「マイコン」は自社で調達した後サプライヤーに支給するので、それだけは「SMT」の下に残された。

◎量産型製造業における目的別BOMの連携例

　ここまで2種類のBOMについて解説してきたが、これらを目的別BOMとして連携する考え方を解説する。

　図表②・6では、設計BOM、生産BOM以外にCAD構成が登場する。CAD構成は、3DCADや回路CADで元データは作成されるもので、一般的にはCADデータ管理システム（以下、CAD-PDM）で管理される。

　ソフトウェアの場合は、ソフトウェアのオーサリングツールで作成されたソースコードや実行モジュールや仕様書群が、ソフトウェア構成管理システムで管理される。ここで管理されるソフトウェア間のリレーションのことをソフトウェア構成（以下、SW構成）と呼ぶ。

　設計BOMを効率的かつ正確に管理するために、機構や電気のCAD-PDMのCAD構成と、設計BOMを連携することが重要である。図表②・6では、機構ASSYと電気ASSYを合成して設計BOMを作成している。この連携がなされていないと、CAD構成と設計BOMで不整合を発生し、問題を引き起こすリスクがある。

　SW構成については、そのまま設計BOMに取り込む必要はない。最終的

図表②・5 設計BOMを元にした生産BOMの作成・編集

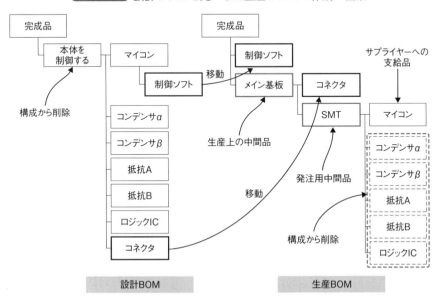

図表②・6 目的別BOMの連携と遷移

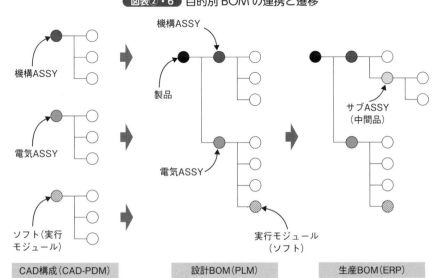

にマイコンやICに書き込むための実行モジュールだけを、設計BOM上で管理できれば十分である。図表②・6では、ソフトウェアの実行モジュールは、電気ASSYの部品の1つとして追加されている。

　現代でも、ソフトウェアを設計BOMで管理していない企業は多い。しかし、ソフトウェアを設計BOMの構成部品とすることで、ソフトウェアの変更をハードウェア同様の設計変更プロセス上で管理することができる。結果として、設計変更のトレーサビリティの強化を図ることが可能だ。

　生産サイドは、設計BOM（品目情報と構成情報）がリリースされると、それを元にしてERP上で生産BOMの編集を開始する。生産BOMに生産に必要な情報（有効期間、調達情報、財務情報、製造情報など）を追加し、構成を編集し、生産BOMを完成する。図表②・6では、サブASSY（機構）の一部にサブASSY（設計BOMでは定義されていないが、生産管理上必要な中間品）が追加されている。

第2章

ホストリプレースを契機とした BOM再構築

本章のポイント

　本章では、半導体製造装置メーカーB社の、ホストリプレースを契機としたBOM再構築による問題解決例を紹介する。B社は、BOMが1つしかない、いわゆるシングルBOMで設計と生産をコントロールしてきた。B社に限らず、現在でも多くの企業がシングルBOMで設計・生産プロセスをコントロールしている。1つの製品を生産する上で、製品構成は一元化されるべきという思想からは当然のことだ。しかし、製品の仕様・構成・工程の複雑化、生産管理プロセスの複雑化、組織の大規模化・グローバル化の中で、シングルBOMですべてをコントロールすることが限界に達していると考える企業も多い。本章では、シングルBOMから目的別BOMへの移行という観点の、問題解決パターンを共有する。

- B社は、ホストコンピューターによる基幹システムで設計・生産プロセスをコントロールしてきたが、徐々にビジネスが要求するスピードに合わなくなってきた。その背景と要因について解説する
- プロジェクトチームが業務・システム改革の立上げで実施したことをご紹介する
- B社において、シングルBOMによって生じていた弊害についてご紹介する
- 解決策として考案された目的別BOMのコンセプトと、期待効果について解説する
- 量産および個別受注生産で用いられる2種類のBOMの違いについて補足解説する

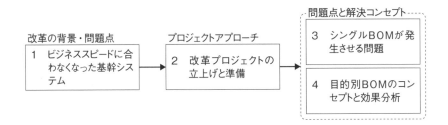

1 ビジネススピードに合わなくなった基幹システム

半導体製造装置開発に要求されるビジネススピードとリスクとは？

● B社の抱える課題

　B社は、半導体製造装置を開発・生産し、グローバルで販売とサービス・メンテナンスを行う企業である。半導体業界は、現在スマートフォンなどの需要により活況であるが、商品ライフサイクルが短く、ビジネスリスクも高い。

　図表2・1は、スマートフォンを例とした半導体業界のデマンドチェーンとビジネスリスクを図式化したものだ。商材であるスマートフォンは、消費者の嗜好やトレンドの変化が大きい商品であるといえる。

　供給者の視点で見ると、需要や要求の変化が激しく、商品のライフサイクルや新機種開発にかけられるリードタイム（図中はLTと表記）は短い。さらに、デマンドチェーンは、下流であるほどそのトレンドが読みにくい。

　本章のモチーフであるB社は半導体製造装置メーカーなので、このチェーン上では最下流に位置し、顧客企業である半導体メーカーの需要や仕様の変動に追随していく必要がある。下流であるほど、この変動は増幅されている可能性もある。このようにリスクの高いビジネス環境下で、開発・生産を遂行する必要があるのだ。

　このビジネスリスクを、バリューチェーン（営業～設計～生産～保守）上で表現したのが図表2・2である。特徴は、生産に必要なリードタイムよりも、受注から出荷までに要求されるリードタイムの方が短い点だ。つまり、引合いの段階から見込み生産を開始し、受注前後で仕様を早急に確定し、顧客固有部分に対する設計と生産を追加する必要がある。さらに、受注後も仕様は変更され、いったん組み付けた部品を改造で取り外すなどの対応をすることもある。

　また、スマートフォンや半導体製品の仕様多様化により、標準機能だけでは対応できず、個別開発が増加していた。

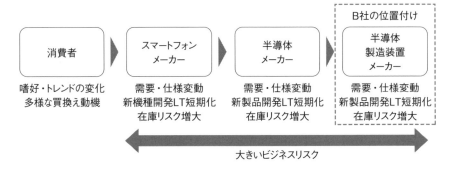

図表2・1 半導体業界のデマンドチェーンとビジネスリスク

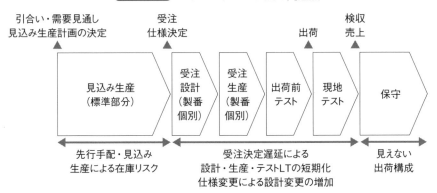

図表2・2 バリューチェーン上の問題点

B社では、当時ホストコンピューター（メインフレーム）を基盤とした基幹システムが稼働していた。B社の経営幹部は、市場から要求されるビジネススピードに追随するために、従来であれば通用した設計・生産プロセスとその情報基盤を見直す時期だと判断し、プロジェクトチームを発足することを決断した。

2 改革プロジェクトの立上げと準備

プロジェクトチームは改革のスコープと体制をどのように決定したのか？

●改革プロジェクトのスタート

　プロジェクトチームが発足した当初は、企画部門のプロジェクトリーダーと、情報システム部のサブリーダーの2人体制であった。経営幹部からは、基幹システム見直しの改革計画の立案を命じられたので、以下の手順で計画立案を進めることにした。

(1) 問題の仮説定義

　プロジェクトチームは、開発・生産プロセスの根本的な問題点はBOMにあると考えていた。B社のBOMはいわゆるシングルBOMと呼ばれるものだった。これは、ある製品を定義するBOMは企業の中で1つだけであるという考え方である。

　B社はもともと標準製品の量産型であり、シングルBOMでも大きな問題は発生しなかった。なぜなら、顧客から要求される個別仕様や特注設計はそれほど多くなく、設計担当者がマニュアルで差分管理できるレベルだったからだ。しかし最近では、要求性能の高まりに伴う装置の大型化や案件別の個別設計の増加が進行し、シングルBOMで管理しきれない状態になっていた。プロジェクトチームは、この部分にメスを入れないと根本的な解決には至らないと考えていた。

　一方、別の視点から、個別要求仕様の抑制についても問題を認識していた。見込み生産により対応せざるを得ない中、案件専用部品がリスクそのものであったからである。在庫を抑制するためには、極力標準仕様に誘導する営業プロセスが重要であると考えていた。

(2) 改革スコープの策定

　改革のスコープは、プロジェクトチームに参画させる部門を決めることになる。プロジェクトチームは、バリューチェーン上のプロセスと組織を対応付けした図表2・3のマップを作成した。

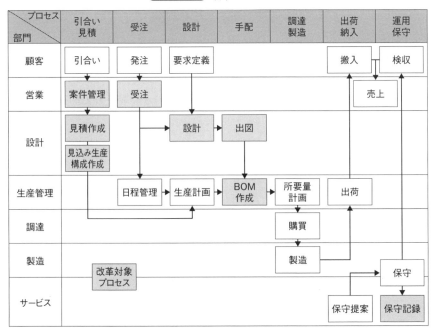

図表2・3 改革のスコープ

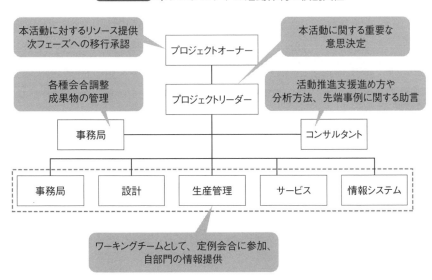

図表2・4 本プロジェクトの活動体制と役割責任

そして、BOMと仕様決定に関係する改革対象プロセスを図表2・3中に記した。その結果から、プロジェクトチームに営業、設計、生産管理、サービスのキーマンを参画させる必要があると考え、各部門長に働きかけた。図表2・4は策定した活動体制図である。

(3) 改革ロードマップの策定

次にプロジェクトチームは、改革ロードマップ（図表2・5）を作成した。基幹システムの見直しといっても、いきなりシステム機能の要件定義ができるわけではなかった。最初のフェーズにおいては、B社の現状の問題と原因を見極め、全体最適化した解決策（改革方針）を策定するための、構想企画フェーズを実施する計画とした。このフェーズには半年間の時間と、改革のスコープの対応した部門のキーマンをプロジェクトチームに参画させることを計画に盛り込んだ。

プロジェクトチームは、上記内容を改革の概要企画書としてまとめ、経営幹部に説明し、実施の了承を得た。

図表2・5 改革のロードマップ

フェーズ	構想企画	システム設計	システム開発	運用改善
目的	現状の問題を明らかにし、改革方針を決定する	システム機能を設計し、システム化計画を最終化する	システム設計結果に基づき、システムを開発し、テストを完了する	プロセス、システムを継続的に改善する
主な活動	・計画整合 ・体制構築 ・現状業務分析 ・解決策（改革方針）の策定 ・業務要件定義 ・効果分析 ・開発委託先の決定 ・次フェーズ計画の立案	・システム要件定義 ・システム設計 ・システム化計画立案 ・システム構築費用見積	・システム開発 ・単体、結合テスト ・総合テスト	・KPI測定 ・改善案の創出 ・プロセス・システムの改良

3 シングルBOMが発生させる問題

B社のBOMがビジネス環境に合わなくなった理由は？

●インプットとアウトプットの整理

プロジェクトチームは、構想企画フェーズに入り、現状分析を開始した。図表2・6は、現状のBOMに関するインプットとアウトプットをまとめたものである。要点は以下のとおりであった。

- BOMは基幹システムで管理され、大きく装置本体部分とオプション部分に分かれている
- 基幹システムで管理されるBOMは、標準構成を示すシングルBOMであり、案件個別の情報は保有していない
- 標準製造LT、標準発注単価や納入LT、設計変更のインプットは、標準構成に対して行われる
- 案件フォーキャストや生産計画をもとにした、見込みを含めた部品の手配や製造への生産指示は、基幹システム上にある標準構成（本体とオプション）を使用して所要量計算し、実行される

●内在していた課題

さらに、ヒアリングを進めると、以下の問題があることが判明した。

- 現在は標準構成そのままの量産品はほとんどなく、大部分の案件は、標準構成をもとにした案件別の固有部分を持つ製品構成になっている。そのため、案件別の最新構成がBOMとして表現されておらず、装置全体仕様の整合性確認や、生産進捗の確認の精度と効率性を低下させている
- 標準部についてはBOMで自動的に部品手配や製造指示することができるが、案件固有部分についてはBOMで処理できない。そのため、マニュアルで部品手配や製造への作業指示を行う必要があり、設計や生産管理部門の効率と精度を低下させている
- サービス部門は、客先に納入した装置のメンテナンスを行う際に、出荷

時の構成確認や特定に時間がかかり、保守用の部品の手配や、それを用いたサービスを行うための効率や精度を低下させている
- 1つのBOMに対して複数の部門が同時並行で更新を行うため、更新タイミングの違いやミスオペレーションにより、BOM上の不整合が発生する場合があり、生産管理の効率と精度を低下させている
- 基幹システムのBOMに起因する問題ではないが、案件固有の特注が多く、設計工数を増大させている。また、仕様変更が受注後も続き、部品の廃棄、いったん組み付けた製品の改造などのロスが発生している

図表2・7は、これらの結果を整理し、原因を追加した問題構造と解決方針である。解決方針の根底にあるのは、現在ホストコンピューターで管理されるシングルBOMとマニュアルオペレーションを、目的別BOMとして、それぞれの管理部門と情報システムに分離し、最終的にはPLMとERPに移行する構想であった。そのイメージを、図表2・8に示す。

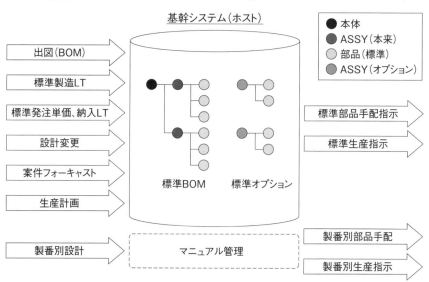

図表2・6 基幹システムのシングルBOMに対するインプットとアウトプット

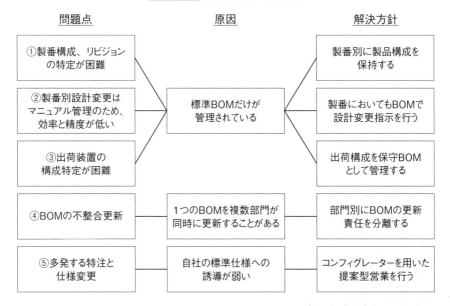

図表2・7 問題構造と解決方針

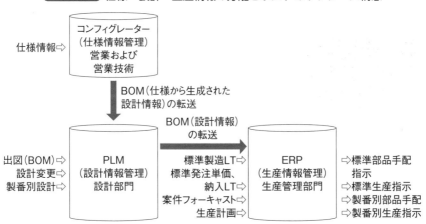

図表2・8 仕様・設計・生産情報の分離とホストのリプレース構想

解説③
BOMの履歴管理方式（1）

◎2種類のBOMの履歴管理方式
　大きく分けると、BOMには図表③・1に示す2種類の履歴管理方式がある。
(1) 量産型製造業に向くBOM履歴管理方式
　一番目は、量産型製造業に向くLoose Structureと呼ぶ方式である（注：筆者が命名した呼び名）。品目情報は、設計・生産管理上の違いを示すためのリビジョンを保持するが、構成情報はリビジョンを除いたP/N情報（Part Numberの略）をキーとして定義される（図表③・1の左）。

　Looseは「緩い」という意味である。構成部品がリビジョンアップしたとしても、上位の（親の）ASSYのリビジョンアップは任意である。

　量産の生産プロセスでは、互換性がある設計変更時にランニングチェンジ（旧リビジョンの部品消費後、新リビジョンに切り替える変更方式）が多用されるため、リビジョン管理をあえて柔軟化している。Loose Structureは、この生産方式と相性がいいのである。

　一方で、不具合などの発生で強制的に部品をリビジョンアップ（切替え）する場合に、どのリビジョンの完成品からその変更が適用されたのかを、後追いで確認することが難しいという問題がある。その対策として、P/Nを分けるなどで特定を容易化する対策は取られるが、Loose Structureでは、最新構成が展開されることが基本なので、過去履歴の追跡には別の対策が必要である。これについては後述する。
(2) 個別受注生産（製番管理）型製造業に向くBOM履歴管理方式
　二番目は、個別受注生産に向くTight Structureである（注：これも筆者の命名）。BOMの親子関係は（P/N情報＋リビジョン）がキーとして定義される（図表③・1の右）。

　この方式では、子部品をリビジョンアップすると、親ASSYのリビジョンを必ずアップすることが基本的なルールである。

　この履歴管理方式と相性がいいのは、少量受注生産や個別受注生産型の製品（半導体製造装置や工作機械）である。開発中や生産中において、構成部品のリビジョンを意識した管理をする必要があることや、以前納入したもの

とまったく同じ構成部品・リビジョンのリピート供給が要求されることがあるからだ。

納品後に、アフターパーツの供給やサービスメンテナンスをする場合には、納品したリビジョンを含めた製品構成を自社でも把握しておくことで、精度の高いサービスを行うことができる利点もある。

また、Loose Structureでは最新リビジョンが優先して展開されるので、旧リビジョンの部品は基本的には展開されないのに対し、Tight Structureでは、リビジョンも構成のキーに含まれるため、旧リビジョンの部品も展開対象になりえる。つまり、新・旧リビジョンは共存可能ということになる。生産設備の場合には、納品後、長期間にわたって、旧リビジョンの部品を供給することも必要だ。これも、この方式が向く理由の1つだ。

BOMの構成、履歴管理方式はどのタイプが向くのか、自社の事業環境や開発・生産特性を考慮して決定することが肝要である。

◎量産型製造業に適したBOM履歴管理方式

量産型製造業では、Loose Structureの履歴管理方式を用いることが多い。Loose Structureでは、リビジョンアップは品番（ASSYや部品）単位で独立して判断することができる。ここでは、Loose StructureのBOMの履歴管理について、変更シナリオに沿って確認しよう。

シンプルなBOMモデル（全部で3アイテム、ASSYと2つの子部品で構成）を例に、設計者の視点で設計BOMをいくつかの変更シナリオで改訂する状況を想定してみたい（図表③・2参照）。

図表③・1 BOMの履歴管理方式（Loose StructureとTight Structure）

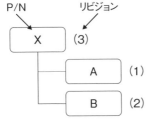

Loose Structure
（受注量産・企画量産向き）

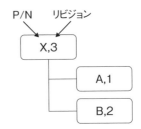

Tight Structure
（少量受注・個別受注生産向き）

●変更前：
　ベースラインとなるBOMモデルであり、1/10に新規リリースした。3アイテムのリビジョンは、いずれも1である。
●変更シナリオ1：
　2/1に、構成部品（A,1）を（A,2）にリビジョンアップした。上位のASSYはリビジョンアップしないので、変化点はこれだけである。上位ASSYである（X,1）には影響がないため、リビジョンアップはしていない。
●変更シナリオ2：
　3/1に、構成部品（A,2）を（A,3）にリビジョンアップし、上位ASSY（X,1）を（X,2）にリビジョンアップした。このルールは、以下のような場合に、上位のASSYをリビジョンアップすることを前提としている。
- 上位ASSYの改訂図面を出図する必要がある
- 上位ASSYで、原価管理上の変化点を捉える必要がある
- 顧客への報告など、品質上の変化点を捉える必要がある
- 在庫管理上、上位ASSYを別品目として管理する必要がある

●変更シナリオ3：
　4/1に、構成部品を（B,1）から（C,1）に置換した。上位ASSYも必然的に（X,2）から（X,3）にリビジョンアップした。このルールは、リビジョンアップではなく、P/Nが異なる品番に変更するのは、以下のケースとすることを前提としている。
- 部品に互換性がないことを明示する
- この部品が共通部品として複数製品に使用されているが、特定製品においてのみ置換する（他製品では継続利用）

　Loose Structure方式のメリットは、変更シナリオ1のように、上位ASSYのリビジョンアップが任意であり、変更の負荷が低いことだ。その反面、上位ASSYから子部品のリビジョンを特定できないというデメリットがある。それを補うための考え方を次に補足する。

◎Loose Structureにおけるリビジョン特定対策

　Loose Structureにおける過去のBOMのリビジョン対策の方法を2種類解説する。

解説③ BOMの履歴管理方式（1）

●スナップショットによる特定

Loose Structureのように、親子関係をリビジョン間の関係で管理されていなくても、ある瞬間のリビジョンを含めた構成を写真のように撮ることで履歴を保存する考え方である（図表③・3参照）。

出図や重要な設計変更など、必要なタイミングでスナップショットを撮ることで、図のようにリビジョンを含めたある時点でのBOM構成を再現するのだ。この方式は、Loose Structureにおいて、不可欠な対策であろう。

●有効期間による特定

BOMに付与した有効期間の活用により、ある日付時点のBOMとリビジョンを展開する対策もある。有効期間とは、日付を指定してBOMを構成展開する際に、品目や構成が有効期間内であれば展開し、そうでなければ展開しないという展開条件のことである。

図表③・4の左側は、図表③・2の変更シナリオに対応した有効期間を、部品や構成の属性に設定したものである。順に確認しよう。

- (X,1)、(A,1)、(B,1) は 1/10 に新規リリースしたので、各品目（P/N + リビジョン）に有効期間 1/10 ～（1/10 から有効期間を開始）を設定した
- 変更シナリオ1では、2/1 に (A,2) をリリースしたので、(A,2) の品

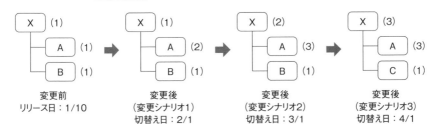

図表③・2　Loose Structure における変更シナリオ

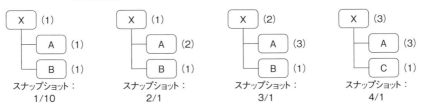

図表③・3　スナップショットによる構成・リビジョン特定

目に有効期間 2/1 〜 を設定した
- 変更シナリオ 2 では、3/1 に（A,3）と（X,2）をリリースしたので、ぞれぞれの品目に有効期間 3/1 〜 を設定した
- 変更シナリオ 3 では、4/1 に（B,1）を（C,1）に置き換える変更をリリースしたので、（C,1）の品目に有効期間 4/1 〜 を設定した。（B,1）は本構成中では使用されなくなるが、他構成では使い続けられるので、品目ではなく、X と B の「構成」に有効期間〜 3/31（3/31 で有効期間は終了）を設定した

図表③・4 の右側は日付指定の構成展開結果である。たとえば、日付条件 2/10 で X から構成展開すると、2/1 にリリースされた（A,2）が確かに反映されていることがわかる。

注意すべき点は、PLM や ERP パッケージが有効期間管理機能を持っているものが多く、どちらでも有効期間設定ができることだ。仮に、両方でこの機能を利用すると、コンフリクト（矛盾）が発生する可能性がある。

PLM または ERP どちらで BOM に対して有効期間設定をするのか、全体整合を取る必要があるので、ご留意いただきたい。

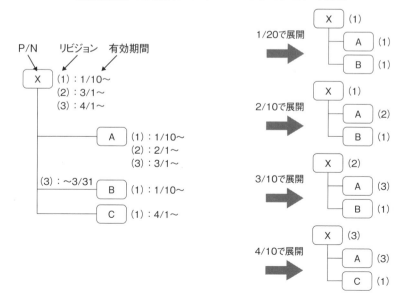

図表③・4　日付指定による BOM とリビジョンの特定

4 目的別BOMのコンセプトと効果分析

新しいBOMのコンセプトと、そこから得られる効果とは？

● シングルBOMから目的別BOMへ

次にプロジェクトチームは、解決方針の具体化作業に着手した。図表2・9は、従来1つであったBOMを目的別BOMとして分離し、それぞれに対して管理責任と処理フローを明確化したイメージである。

- 一番左は設計BOM（標準）であり、標準装置本体と標準オプションに相当するものを定義する。これは、現在の基幹システムにあるシングルBOMに近い概念であるが、標準設計部門が管理責任を持つということと、技術的な情報しかもたない（たとえば、部品の仕様情報は持つが、調達LT情報は持たない）点が異なる
- また履歴管理の観点では、標準BOMは標準開発用であり、常に最新のリビジョンを保有するLoose Structure（解説③④参照）である。そのため、まだ生産移管されていないリビジョンの部品や図面を定義し、管理することができる
- 左から二番目は、案件ごとに設定した製造番号（以下、製番）に対応する設計BOM（製番）を管理する。これには、受注仕様に対応して標準構成とオプションが組み合わせられ、さらに特注部品も追加される。また履歴管理の観点では、設計BOM（製番）は実際に手配するリビジョンで構成されるTight Structure（解説③④参照）である。これによって、仮に設計BOM（標準）のリビジョンが更新されても、このBOMへの適用は判断して決めることができる
- 左から三番目は、製番別の生産構成を保有する生産BOM（製番）である。生産管理部門は、生産指示や発注のために必要な中間品の追加や、自社で調達が不要な部品（サプライヤーが手配する部品）を削除する。ここで構成を完成させた後、BOMを基幹システムに転送する
- 一番右は保守BOM（製番別）であり、出荷時点の構成をここに保存する。

また、サービス部門は、保守パーツに交換した際に、このBOMを更新する

● **効果の確認**

さらに、期待効果の推定結果を図表2・10に示す。定性効果では、それぞれの解決策案による業務品質の精度向上と効率化が期待される事項を記した。また、定量効果では、業務効率化を工数削減率として数値化し、投資対効果のエビデンス資料とした。

（注：定量効果の算出については、「第3章 4 定量効果の推定方法」「第6章 8 効果分析のポイント」をご参考にしていただきたい。また、本来定量効果は比率ではなく、絶対的な数字で表現すべきである。しかし書籍掲載の便宜上、金額や削減工数ではなく、比率で表現した。また、解決策案の「コンフィグレーターを用いた提案型営業」は、第5章でも同じ施策が登場するので、本章では説明を割愛する）

図表2・9 目的別BOMの連携による製品ライフサイクル管理

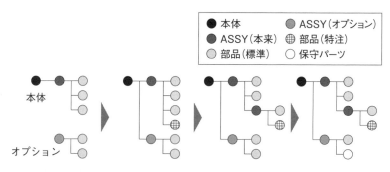

◎本プロジェクトのその後

　構想企画フェーズの完了後、RFP（提案依頼書、解説⑩で別途解説）を作成してシステムの開発委託先を決定し、システム構築フェーズに移行した。本プロジェクトは、製番別のBOMと目的別BOMを同時に導入するという観点で、業務改革の度合いが強かった。そのため、システムリリース後もプロジェクトチームによる新業務遂行のサポートが必要であったが、ユーザーは次第に新業務に慣れ、定着化が進行した。

　プロジェクトチームは、次のステップとして、ホストコンピューターをERPに移行するプロジェクトを計画中であり、準備を進めている。

図表2・10 問題構造と期待効果（定性・定量）

解決策	定性効果	定量効果（工数削減率）
製番別BOMの導入	製番構成特定の精度・効率の向上	50%
製番別BOMによる変更管理	設計変更の精度・効率の向上	20%
保守BOMの導入	保守業務の精度・効率の向上	20%
目的別BOMの導入	BOMの精度の向上	10%
コンフィグレーターを用いた提案型営業	設計変更件数の削減	30%

解説④
BOMの履歴管理方式（2）

◎Tight StructureによるBOMの履歴管理

「解説③：BOMの履歴管理方式（1）」で、BOMの履歴管理方式には大きく2種類あり、量産に向くのは「Loose Structure」、個別受注生産に向くのは「Tight Structure」であると解説した。

ここでは、個別受注生産、製番管理方式における設計BOMの履歴管理に絞って解説したい。製番管理方式は、半導体製造装置、工作機械、プラント用設備など、顧客別・号機別にオプションの違いや、特注が発生する業種でよく用いられる。

図表④・1は、Tight Structureのシンプルな設計BOMに対して、2回設計変更するシナリオを示す。Tight Structureの特徴は、子部品の構成に何か変化があれば、必ず親ASSYのリビジョンを上げることだ。1回目の変更では、子部品がリビジョンアップ、2回目の変更では子部品が別部品に入れ替わっている。

続いて、図表④・2は、Tight Structureの多階層のBOMのモデルにおける変更シナリオである。Tight Structureで多階層の場合、最上位のASSYまで連鎖的にリビジョンアップする必要があるので、たった1つの末端部品の変更でも、変更処理の負荷が高くなることがわかる。

ただし、親ASSYから子部品を展開することで、リビジョンを含めた子部品構成をBOMにより特定できるメリットがある。図表④・3はそれを示している。親ASSYには3つのリビジョンが存在する。それぞれを展開すると図表④・3で示した3つの状態を再現することができる。

このメリットは、半導体製造装置、工作機械、プラント用設備など、産業機械設備の業種で享受しやすい。これらの業種では、製番ごとに変更適用のタイミングが異なることが多く、結果的に構成部品やユニットのリビジョンが出荷号機別に異なる。号機別に構成・リビジョンを正確に管理しておくことは、出荷済製品に対する機能追加変更、保守・メンテナンスやサービスパーツ提供の正確性の向上、同じリビジョン構成によるリピート生産などの点で有効である。

このようなことから、これらの業種におけるビジネス要求とTight Structure

による履歴管理は適合しやすい。

　図表④・4に設計BOMの履歴管理方式の比較をまとめた。いずれの方式もメリット・デメリットがあるので、自社の製品や生産形態に対して、適切な管理方式を十分に検討して決定することが重要だ。

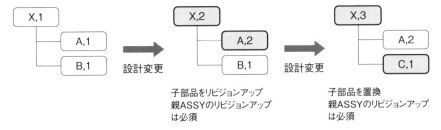

図表④・1　Tight StructureによるBOMのリビジョンアップ

図表④・2　Tight Structureにおける親ASSYの連鎖改訂

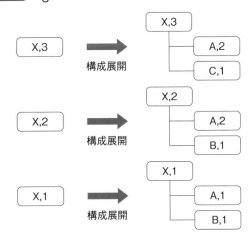

図表④・3　Tight Structureにおける親ASSYからの子部品展開

◎モジュール型開発のBOM履歴管理

　個別受注生産において、開発工数を抑えながら顧客要求を満たすために、標準開発と製番単位での顧客別のオプションや特注対応を並行して進行させるプロセスが、一般的な開発方式になりつつある。

　個別受注生産といっても、すべて製番管理というわけではなく、これは多くの部分を標準モジュールや標準オプションで構成し、顧客要求の差分だけを受注開発することを意味する。

　この場合には、設計BOMの履歴管理において、「Loose Structure」と「Tight Structure」の混在方式で対応する方式が考えられる。

　図表④・5は、製番開発と標準モジュール開発を並行で行いながら、複数の製番や標準モジュールの管理を共存させるモデルである。

　標準モジュール開発については、Loose Structureで管理している。標準モジュールは基本的に量産であり、開発者は常に最新構成を考えて開発を行うことができる。ただし、製番の手配構成については、手配した瞬間のモジュール構成（BOMとリビジョン）で凍結する。この図の例では、モジュールA、Bともすべてリビジョンが1のときに手配がなされたことがわかる。手配構成はTight Structureなので、このリビジョンを含めた構成は

図表④・4 BOM履歴管理方式の違いについてのまとめ

BOM履歴管理方式	メリット	デメリット	適する生産タイプ業種
Loose Structure	・BOMの変更負荷が低い ・ランニングチェンジなど在庫状態に合わせた柔軟な運用が可能	・BOMによる下位構成部品のリビジョンが特定できない（スナップショット管理などが必要） ・複数リビジョン品目が共存できない（原則、入替え） ・BOM改訂判断が設計者任意	・見込み生産 ・受注生産(多量) ・自動車、電子機器、精密機器
Tight Structure	・BOMによる下位構成部品が一意に特定できる ・複数リビジョンの品目の共存が可能 ・BOM改訂ルールをシンプル化できる	・BOMの変更負荷が高い(手順数、処理待ち時間) ・ランニングチェンジなど在庫都合に合わせた柔軟な対応がしにくい	・受注生産(少量) ・個別受注生産（製番管理） ・半導体製造装置、工作機械、通信設備、冷熱設備、その他産業機械

解説④ BOMの履歴管理方式（2）

固定される。

標準モジュールを含む製番開発の場合には、設計BOMのシステム上の展開ロジックに少し工夫が必要である。図表④・6は、手配構成に対する製番展開と、最新展開の違いを示す。前者は製番展開であり、手配時点で凍結された手配構成を展開する。後者は、手配構成に対して標準モジュールの最新リビジョンを用いて展開する。

後者の目的としては、同じ機種をリピート受注した場合に、最新リビジョンのモジュールを適用するためのBOMの生成を可能にすることがあげられる。

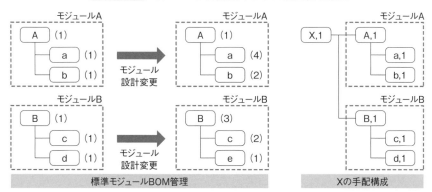

図表④・5 モジュール型開発のBOM履歴管理方式

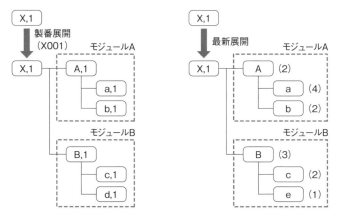

図表④・6 モジュール型開発BOMにおける2種類の構成展開

第3章

設計BOMを軸とした技術情報管理と投資対効果の評価

本章のポイント

　本章では、自動車部品メーカーC社のグローバル技術情報管理のために実践したBOM再構築と、投資対効果の推定方法について紹介する。筆者は、業務改革の推進担当者と会話する機会があるが、そこで投げかけられる質問の多くは、企画の起案に関するものである。とくにBOMは情報基盤であることから、投資に見合った効果の説明が難しいという。

　また、本章のテーマとして取り上げたのは、グローバルレベルの技術情報管理と、共有による業務の効率化である。近年、海外拠点でも製品開発や設計を行うようになった企業は確実に増えていると感じる。グローバルレベルで開発が行われるようになると、課題になるのは、国内・海外の協調設計や技術情報の共有方法である。

　本章では、これらの課題に対して1つの解を提言したい。

- 改革の背景では、C社が本プロジェクトを発足させるに至った背景と問題点について説明する
- それに対して、プロジェクトチームが考案した改革のビジョン（企画）を解説する
- 最後に、この企画を上申するに当たり、実施した定量効果の推定方法について紹介する

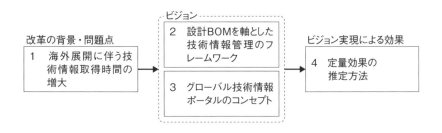

1 海外展開に伴う技術情報取得時間の増大

グローバル技術情報管理改革を決断した背景は何か？

●バリューチェーンの変化

　C社は、グローバル市場に対して生産・販売を行う自動車部品メーカーである。現在、製品設計は主に国内の開発拠点で行われている。

　図表3・1は、C社の過去、現在、近い将来想定されるバリューチェーンの変化だ。C社は10年前まで、主に国内の自動車メーカーや一次サプライヤーに製品を供給していた。そのため、設計、生産技術、生産の各プロセスは国内で行われていた。

　しかし、自動車メーカーの海外生産シフトに伴って、C社のバリューチェーンはこの10年間で大きく変化した。図表3・1の中段に示すように、現在のバリューチェーンでは国内の開発拠点で設計しているが、生産技術と生産については、国内と海外の2つの経路が存在する。C社の生産拠点を決める基本的な考え方は、市場（自動車メーカーの工場）に近い場所で生産することである。たとえば中国工場は中国市場向けの生産を担当する。しかし実際は、国内の生産技術が工程や設備設計を行い、海外で生産するケースなど、例外も多く存在する。

　近い将来、図表3・1の下段のように、設計プロセスも海外に展開する予定である。そのねらいは、現地市場のニーズを迅速に反映することである。そのためには、先端技術情報をグローバルレベルで共有し、どの拠点であっても同じ情報を取得して、製品開発に活かせる環境が必要である。

　しかし、現状はそれとはうらはらに「海外拠点の増加に伴って、拠点間の情報共有の効率は低下している」と現場から指摘されていた。拠点の地理的な分散度が高くなり、情報の取得にかかるプロセスが複雑化し、工数や時間を浪費する事象が発生していることが背景としてあった。

　たとえば、顧客（自動車メーカー）から「ある部品に関する設計情報と生産ロットの製造条件、品質記録をまとめて連絡してほしい」という要求が国

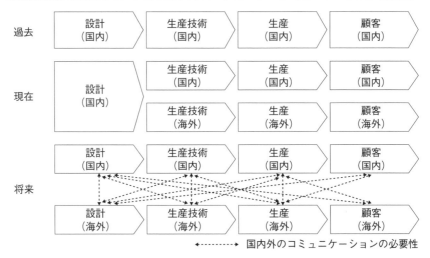

図表3・1 市場のグローバル化とバリューチェーン・コミュニケーションの変化

内の設計部門にあったとする。設計部門自身が管理する図面情報は短時間で入手できるが、海外生産の場合、製造条件や設備に関する情報、生産時点の品質記録などは海外拠点に存在する。それらの情報を人づてで探索・収集し、図面と製造条件の整合性を確認して整理した後で、顧客に報告する必要がある。この手続きが、ビジネスのスピードを遅らせる原因となっていた。

また、設計と生産が国内と海外に分散することも多くなり、設計と生産技術のコンカレント・エンジニアリングは、同一拠点で実施するよりも難しくなっていた。一方で、市場からは開発リードタイムの短縮要求がさらに高まっており、グローバルレベルで、拠点に依存しない開発環境や情報共有基盤整備が急務となっていた。

2 設計BOMを軸とした技術情報管理のフレームワーク

グローバルで技術情報を一元管理・共有するフレームワークとは？

● 技術情報管理の実態

　このような背景から、経営幹部はプロジェクトチームを発足させた。プロジェクトチームは、さっそく国内外の技術情報の管理状態と情報共有プロセスについて調査を開始した。

　図表3・2は、国内の技術情報の管理状態を図式化したものである。この調査で、以下のことが判明した。

- 図面は図面管理システムで管理され、国内のどの部門からも参照可能である
- それ以外の技術情報については、電子データは各部門のサーバーで、紙の情報は部門キャビネットで管理されている
- 部門サーバーは各部門の独自ルールで運用されており、原則的に他部門に技術情報を公開していない
- 電子データ、紙の情報は、他部門からの依頼に応じて提供している
- 他部門から入手した情報は、コピーを自部門サーバーに保管している。そのため、それらの情報が最新化されていないことがある

　つまり、図面などモノづくりのキー情報は共有されているが、多くの技術情報は部門管理となっており、それらの情報は人を介して入手するのが実態であった。

　また、技術情報の入手プロセスについても調査を行った。図表3・3は、顧客から設計情報、製造条件および実績情報の問合わせ依頼があった場合の、回答までのプロセスを図解したものである。海外工場で生産されているケースであり、多くの人が介在していることがわかる。

① 顧客から設計部門に問合わせがある
② 設計部門は、海外工場の駐在員に必要な情報を問い合わせる
③ 駐在員は、該当部門に問合わせをして必要な情報を収集依頼する

図表3・2 散在して管理される技術情報

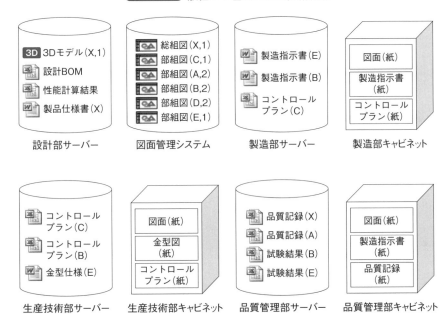

図表3・3 技術情報取得ルート例(顧客からの問い合わせ対応)

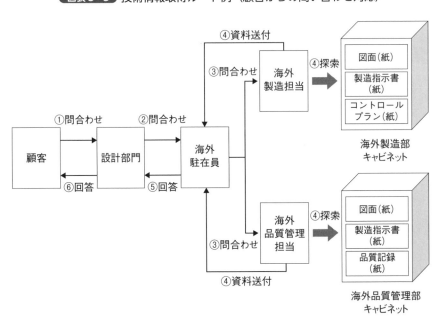

④ 該当部門は、部門で管理されている情報をキャビネットから探索し、駐在員に資料を送付する
⑤ 駐在員は、資料をまとめて問合わせ元の設計部門に送付する
⑥ 設計部門は、内容を確認・整理した上で顧客に回答する

これ以外の技術情報取得プロセスにおいても、同様であった。

● 集中管理するフレームワーク

プロジェクトチームはこれらの調査結果を踏まえ、設計BOMを中心に、開発・生産に関連する情報を集中管理する図表3・4のようなフレームワークを考案した。そのポイントは以下のとおりである。

- 開発・生産に必要な技術情報は電子化し、グローバルレベルで一元管理して、どの拠点からでも同じ情報を参照できる
- 他拠点や他部門に対して公開できない情報については、必要に応じてアクセス権を設定する
- 設計BOMを構成する「品目情報」に技術文書を関連付ける
- 営業、設計、原価企画、試作、購買、製造、品質保証など、開発・生産プロセスで作成される技術文書は、原則的に設計BOMに関連付けて管理する

図表3・4 設計BOMを軸とした技術情報統合管理のフレームワーク

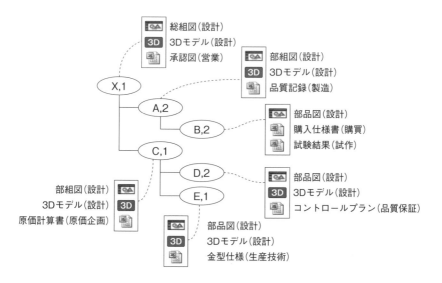

解説⑤
PLMシステムの機能概要

　設計BOMを軸とした技術情報管理の実現のためには、PLMシステムを活用することが効果的である。PLMとは、Product Lifecycle Managementの略で、製品ライフサイクル管理のことである。これは、製品開発をライフサイクルとして捉え、製品企画 〜 設計 〜 生産技術 〜 生産 〜 出荷 〜 サービス 〜 生産終了までのライフサイクル全体を統合的に管理し、開発力強化を実現することを目指す管理手法である。

　製品ライフサイクル全体を管理するシステムのことをPLMシステムと呼び、多くの組立系、加工系製造業がこれを利用して技術情報管理を行っている。PLMパッケージを利用する企業も多いが、スクラッチ開発する企業もある。

　ここでは、PLMシステムが持つ代表的な機能について紹介するが、PLMパッケージによって機能が異なることがあるので、実際にシステム導入を検討している場合には、PLMベンダーから製品のデモや機能に関する情報提供を依頼することを推奨する。

◎発番管理

　グローバルで技術情報に関する一元管理された発番処理を管理する機能。代表的な番号としては、製品番号、部品番号、図面番号、ドキュメント番号、設計変更番号がある。

　発番処理を一元管理することにより、海外拠点を含む企業グループ内で、ユニークな番号を採番することができる。

　CADやPLMシステムのクライアントから、PLMシステムの発番機能に対して新規採番を要求すると、採番ルールに則った部品番号が発番され、ファイルなどに出力される。

◎部品管理

　部品の属性、サプライヤー情報、原価情報、生産地情報、スペックなどを一元的に管理する機能。CADやERPとも連携し、技術情報、SCMのマスターとして活用することができる。

また、部品分類を体系的・階層的に管理し、部品の標準化推進を加速することにも活用される。部品分類を階層化することで、上位階層から下位階層へのスペックの継承が可能になり、分類を超えた部品検索が可能となる。たとえば、セラミックコンデンサでの検索が詳細な部品分類による検索だとすると、コンデンサという上位の抽象的な分類は、複数のコンデンサ種類を対象とした検索を可能にする。

◎構成管理（設計BOM管理）

構成管理はPLMシステムの代表的な機能であり、本章でも登場した機能である。製品構成を設計BOMとして管理し、設計BOMを構成する品目と、それに関連するドキュメントを関係付けて、統合的に管理することができる。

図表⑤・1は、構成管理による製品構成と関連ドキュメントの統合管理のイメージである。製品構成は設計BOMで表現され、設計BOMはアセンブリや部品などの品目情報から構成される。3Dモデル、図面、仕様書、実験結果などの技術情報は、PLMシステム中ではドキュメントとして管理され、「リレーション」により品目情報と関連付けられる。

また、これらの技術情報は、拠点やサーバーを意識することなく、すべて

図表⑤・1 PLMシステムにおける構成管理のイメージ

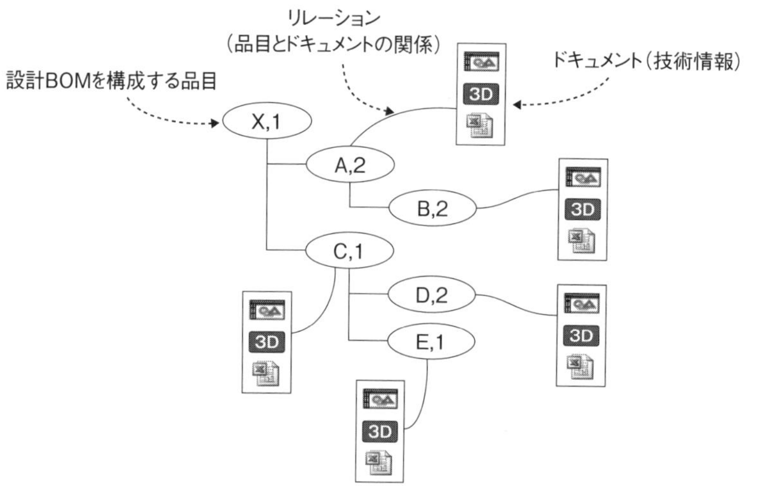

のユーザーが情報を登録・更新・参照することができる。ただし、複数の事業部やグループ企業が共同でこのデータベースを利用する場合は、アクセス権を設定し、更新や参照する権限を制限するのが一般的である。

◎統合BOM管理

2種類以上のBOM（設計BOM、生産BOM、保守BOMなど）を統合、または別のビューとして管理し、BOM連携性や整合性を強化するためのPLMシステムの一機能である。

設計変更伝達のリードタイム短縮、変更ミスの撲滅などに貢献する。複数の生産拠点で生産する場合、設計BOMと拠点別の生産BOMを連携し、統合管理することができる。

◎ドキュメント管理

製品開発プロセスで作成されるドキュメントを一元管理する機能。設計部門が作成するドキュメントだけでなく、営業部門、商品企画部門、生産技術部門、品質保証部門、製造部門などが作成するドキュメント群を統合的に管理することができる。

部品分類と同様に、ドキュメントの種類を分類し、ドキュメントの体系化や検索性向上を行うことができる。全文検索機能により、効率的に必要なドキュメントを検索するPLMパッケージも存在する。

アクセス権を設定することで、社内各部門だけでなく、社外との効率的なコラボレーションも可能にする。

◎設計変更管理

設計変更に関する要求発生から適用完了までのプロセスを管理する機能である。設計変更指示のことを、ECO（Engineering Change Order）と呼ぶこともある。設計変更要求管理、変更対象の技術情報（BOMや図面など）との関係付け、設計変更オーダーの作成と承認、関連部門への配布管理を行う。

PLMシステムで管理する設計BOMの変化点情報（設計BOMの変更前後の差分情報）を、ECOに関係づけてERPに転送することで、生産BOMの更新処理の効率化に活用することも可能である。

◎開発プロジェクト管理

　製品開発プロセスをWBS（ワーク・ブレークダウン・ストラクチャー）として定義し、各タスクの計画、進捗を管理・共有する機能。単一の開発プロジェクトだけではなく、複数のプロジェクトを横断したリスクを早期発見する効果が期待できる。

　PLMシステムの開発プロジェクト管理機能の特長は、WBSの各タスクで作成されるドキュメント（設計BOMや図面、仕様書、DR資料など）を関係づけて管理することで、ドキュメントのステータス（作業中、承認中、正式など）をWBSのタスクの進捗に自動的に反映することができる。

　PLMパッケージによっては、プロジェクトマネージャーとメンバー用の画面が準備され、それぞれに必要な情報を提供することができる。

◎ユーザー・アクセス権管理

　PLMシステムを利用するグローバルユーザーを個人単位で管理する機能。

　ユーザーやユーザーが所属する組織、役職、プロジェクトに応じて、PLMシステムで管理する情報へのアクセス制御を行うことができる。これにより、複数の事業部やグループ企業が共同で同じシステムを利用する場合のセキュリティ強化を図ることができる。

◎ERP連携

　PLMシステムで管理する設計BOMと、ERPで管理する生産BOMの効率的な連携を支援するためのインターフェース機能。ERPパッケージの種類や生産BOMのデータモデルに個別に対応するため、ほとんどのケースは個別開発となる。

　PLM → ERP方向の連携だけなく、ERPで発生した部品コストの実績情報をPLM側に送信し、設計者の原価企画に役立てることもできる。

3 グローバル技術情報ポータルのコンセプト

短期間のシステム立上を可能にしたポータルのコンセプトとは？

次にプロジェクトチームは、「技術情報統合管理のフレームワーク」の具現化方法を検討した。

● グローバルに散在する技術情報の統合化方法

まず最初に解決すべきは、すでに海外を含めた多くの拠点に分散するファイルサーバーや、そこに格納される技術情報をどのように統合管理していくのかである。プロジェクトチームは、図表3・5に示すコンセプトを策定した。そのポイントは以下のとおりであった。

- 「グローバル技術情報ポータル」という画面をフロントに据える
- 「グローバル技術情報ポータル」の検索の入り口は、機種別に作成された設計BOMとする
- 技術情報を管理する対象となる各拠点・各部門サーバーは、「グローバル技術情報ポータル」に「統合」または「集約」する
- 「統合」とは、既存サーバーのコンテンツを「グローバル技術情報ポータル」が直接的に管理するファイルサーバーに移行し、設計BOMとデータベース上で物理的にリレーションを設定することで管理する方式である。これは、PLMシステムの構成管理機能のリレーションを用いて実現する（解説⑤参照）
- 「集約」は、本プロジェクトでは既存サーバーをデータベース統合せず、検索キーによる仮想的な連携方式とする。インターネット上の検索エンジンで検索結果を返す概念と同様に、設計BOMに設定された属性をキーとして検索を行う

「グローバル技術情報ポータル」の1つの特長は「集約」の概念を用いることで、各拠点に存在する部門サーバーの連携を容易化し、この仕組みへの参加障壁を下げることにあった。

ポータルは、統合の場合は設計BOM上で選択したアイテムのリレーションをたどり、「集約」の場合は属性をキーで検索を行う。図表3・5で示した「統合されたファイルサーバー」と「集約された拠点の部門サーバー」に対して、所定の条件で検索を行うのである。
　「統合」は、ファイルサーバーをポータル管轄に移行する必要があるが、いったん移行すれば、アクセス権や承認プロセスなどポータルが標準化したルールで情報管理を運用できる。一方「集約」は参加障壁が低いが、アクセス権や承認プロセスなどは部門サーバーに依存する。ただし、ユーザーはこれらの違いを意識することなく、情報取得を可能とする。

図表3・5　グローバル技術情報ポータルのコンセプト

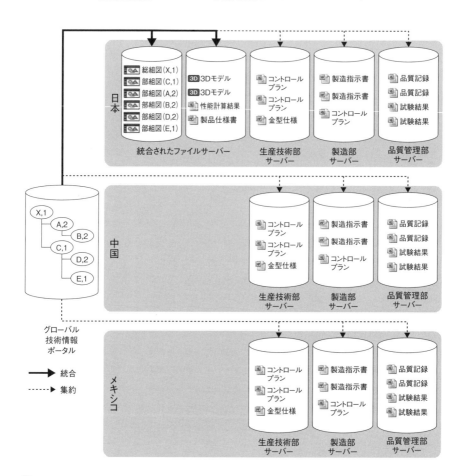

プロジェクトチームは、この2種類の方式を使い分け、どの拠点からでも同じ環境で技術情報を取得可能にすることを構想した。

●グローバルに散在する技術情報の検索と取得方法

プロジェクトチームが策定した「統合」または「集約」された技術情報の検索と取得方法は、以下のイメージである。

図表3・6を「グローバル技術情報ポータル」の初期画面とする。左側には、検索の初期画面として検索対象の設計BOMが表示されている。たとえば、設計BOM上の（D,2）を選択し、品番とリビジョン（Dが品番で、2はリビジョン）をキーとして検索すると、結果リストが右側の「グローバル検索結果」に表示される。

検索結果のサーバー列からは、検索されたファイルの保管場所が示される。ここから、サーバーが「統合ファイルサーバー」であるファイルは「統合」、それ以外については「集約」された部門サーバーから検索されたことがわかる。結果リストのファイル名は（D,2）を含む。つまり「集約」の検索では、これをキーとして抽出が行われたことが確認できる。

最後に、ユーザーは検索結果を確認後、実体ファイルを各サーバーからダウンロードして、他人の手を介することなくほしい情報を取得する。

図表3・6 グローバル技術情報ポータルの検索イメージ

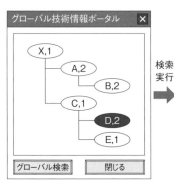
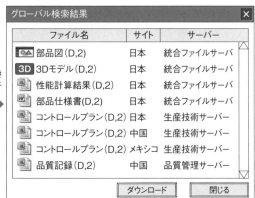

4 定量効果の推定方法

難しいとされる情報基盤導入の定量効果推定に対し、プロジェクトではどのようにアプローチしたのか？

● ロス金額定量化の課題

プロジェクトチームは、「グローバル技術情報ポータル」のコンセプトの具体化と並行して、実行予算の承認を得るために、定量効果の推定により説得力を高めることが不可欠であると考えていた。

プロジェクトチームは、技術情報の散在による情報取得のための工数、リードタイムなどのさまざまなムダが発生していることは、定性的な問題として捉えていた。しかし、この問題が発生させるロス金額の定量化はまだ実施しておらず、本プロジェクトへの投資規模の妥当性や、投資回収に対する見通しを立てられていない状態であった。また、経営幹部から、システム投資承認のためには、効果の定量化が必須であると告げられていた。

そこでプロジェクトチームは、これらの課題をクリアするために、図表3・7に示す技術情報の入手時間調査票を作成し、問題の定量化に乗り出した。調査票では、以下を調査することにした。

① 技術情報種別：技術情報の種類を示す分類
② 拠点：その技術情報が存在する拠点
③ 検索頻度（1ヵ月あたり）：各部門がその技術情報を該当拠点から取得する月当たりの回数
④ 問合わせ・入手・確認工数（人時間、検索1回あたり）：技術情報の取得に要する工数
⑤ 総入手工数（人時間、年間）：対象技術情報を取得するために発生する年間総工数、③と④から計算

定量調査では、既存の情報があればそれを活用するのが原則である。しかし、C社にはこの問題プロセスの定量化に利用できるようなデータベースは存在しなかった。そこで社内の有識者にアンケート形式で依頼して、記憶に基づいて記入してもらう方式を採ることにした。

● 効果の推定結果を算出する

次に、効果の推定方法について検討した。本プロジェクトによる効果は、図表3・8に示す考え方で推定することにした。図の縦軸は頻度、横軸は工数またはリードタイムである。頻度、工数、リードタイムは調査票で収集する情報である。本プロジェクトの効果は、技術情報のグローバル共有によ

図表3・7 技術情報の入手時間調査票

①技術情報種別	②拠点	③検索頻度(1ヵ月あたり)				④問合わせ・入手・確認工数(人時間、検索1回あたり)				⑤総入手工数(人時間、年間)				
		開発	生産技術	製造	品質管理	開発	生産技術	製造	品質管理	開発	生産技術	製造	品質管理	合計
図面	日本	270	30	90	300	2	1	2	2	540	30	180	600	1350
3Dモデル	日本	30	90	90	90	1	2	1	1	30	180	90	90	390
設計BOM	日本													
性能計算結果	日本													
製品仕様書	日本													
コントロールプラン	日本													
金型仕様書	日本													
金型図面	日本													
品質記録	日本													
試験結果	日本													
製造指示書	日本													
コントロールプラン	中国													
金型仕様書	中国													
金型図面	中国													
品質記録	中国													
試験結果	中国													
製造指示書	中国													
コントロールプラン	メキシコ													
金型仕様書	メキシコ													
金型図面	メキシコ													
品質記録	メキシコ													
試験結果	メキシコ													
製造指示書	メキシコ													

図表3・8 IT化による効果の発生原理

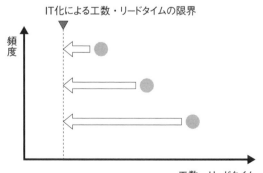

り、取得工数や時間を短縮することで得られる。したがって、図表3・8中で各技術情報種別に対して、頻度と工数・リードタイムの交点にプロットされた●（マーク）は、矢印の方向（工数・リードタイムを小さくする方向）にシフトすることができる。ただし、工数・リードタイムを削減できる下限は、問い合わせ内容の検討や入手結果の確認などに要する時間であり、それ以上小さくすることはできない。

プロジェクトチームは、現状調査と効果分析の検討を経て、効果の推定結果を図表3・9のようにまとめた。このグラフの縦軸は技術情報の種類・拠点を示し、横軸は工数を示す（指数化は書籍化のための便宜上である。金型仕様書・中国の現状工数を1として指数化した）。

さらに、縦軸は現状の工数が大きいものから降順にソートした。工数の内訳は改善後工数と効果であり、合計値が現状の工数である。ちなみに、このグラフ形式は竜巻のような形状をとることからトルネードチャートと呼ばれる。インパクトが大きい指標をひと目で把握できる効果的な表現方法だ。

プロジェクトチームは、この分析を通して、以下を数値で確認することができた。

- 1年間に技術情報取得に要した工数とリードタイムと金額換算値
- グローバル技術情報統合により得られる工数、リードタイムの削減期待効果と金額換算値

その後、経営幹部に対して本プロジェクトの投資価値を数値で示し、構想企画フェーズからインターバルなくシステム開発フェーズに移行することができた。

本章で紹介した考え方や取組み手順は、情報基盤構築の1つであるBOM再構築による問題の規模や、解決による効果の考え方を整理し、定量効果を捉えることができたわかりやすい事例である。

●本プロジェクトのその後

「グローバル技術情報ポータル」は、システム化計画どおりに進行し、予定した時期に運用開始することができた。そして、プロジェクトチームは、このシステムを構築した後、結果的にわかったことを以下のように整理した。

- 技術論だが、検索リストの取得に要する時間は想定以上に高速であっ

た。検索インデックスを夜間バッチで生成した効果である。文書のダウンロードについては、ネットワークの増強により、今後改善を進めていく
- 「集約」は、「グローバル技術情報ポータル」の立上げ期間の短縮に貢献した。これは、対象拠点と部門の事前作業が、共有するサーバー、フォルダーの選定と、ファイル命名規則の標準化だけであり、準備の負荷が高くなかったことによる
- 本来、「統合」により技術情報管理の運用ルールをグローバルで標準化することがあるべき姿ではあるが、グローバル化が急速に進展し、スピードを重視する必要がある場合には、「集約」も選択肢の１つとなる

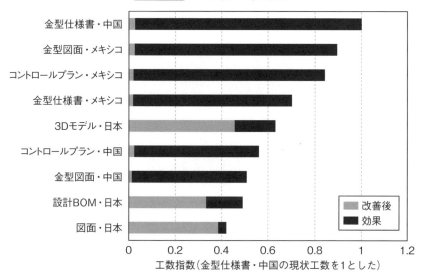

図表3・9　改善効果の分析結果

第4章

モジュラー設計とBOM再構築による多品種化とLT短縮の両立

本章のポイント

　本章では、設備メーカーD社の海外市場獲得に向けたモジュラー設計導入とBOM再構築によるバリューチェーン強化の取組みを紹介する。

- 改革の背景では、海外市場獲得のためのD社の課題について解説する
- ビジョンでは、バリューチェーン上の各プロセスの目指す姿と、改革の原動力となったモジュラー設計のコンセプトを紹介する
- プロジェクトアプローチでは、モジュール化パイロットを開始するに当たっての留意点、実行フェーズの進め方、効果検証の結果について解説する
- 新業務の具体化では、固定・変動分析、営業、設計、生産各プロセスの改革後の業務イメージおよび目的別BOMの連携方法について説明する
- 解説では、モジュラー設計改革を実践するための分析ツールについて紹介する

改革の背景	プロジェクトアプローチ	新業務の具体化
1　グローバル市場獲得に向けた競争力の強化	4　モジュール化パイロットのキックオフ	5　固定・変動分析と決定表の作成
ビジョン		
2　改革コンセプト1：バリューチェーンの目指す姿	8　モジュラー設計改革の実行	6　新業務コンセプトの具体化
3　改革コンセプト2：モジュラー設計の導入	9　効果検証	7　目的別BOMの連携

1 グローバル市場獲得に向けた競争力の強化

設備メーカーの海外進出が業務プロセスに与える影響は？

● 海外進出実現に向けての課題

D社の設備事業部は従来から国内市場で高いマーケットシェアを持っていたが、海外市場への本格的な進出を模索していた。その背景には、事業規模の拡大と、自社製品に対する海外企業からの引合いの増加があった。

当時、設備事業部は海外進出戦略を実現するために、多くの課題を抱えていた。図表4・1は、モノづくりにおけるバリューチェーンの過去、現在〜今後を比較した図である。環境変化がプロセス間のコミュニケーション効率を徐々に悪化させていた。順に確認しよう。

(1) 営業プロセスの課題

D社では、他の製品を扱う別事業部がすでに海外進出しており、海外の現地法人をいくつか保有していた。海外市場向けには、海外現地法人の営業部門が対応することがルールであった。

国内顧客は国内営業が担当していた。国内市場の場合には、顧客は固定化していたので、受注前の段階で詳細な仕様を詰めなくても、お互いに契約に向けての仕様や台数、納品時期について、阿吽の呼吸で成立させることができた。

しかし、設備事業部はこれまで海外現地法人の営業と一緒にビジネスをする機会が少なく、密なコミュニケーションが取れていないことが課題であった。また、欧米、アジアなどの複数のターゲット市場があり、国による商習慣の違いがあることから、受注確度の把握も容易ではなかった。さらに、多くの海外顧客は、国内市場よりもはるかに短いリードタイムでの納品、低価格を要求してきていた。

(2) 設計プロセスの課題

設計プロセスは、海外案件であっても国内の設計部門が担当していた。これまで設計部門は、国内の営業部門とだけコミュニケーションを取ってお

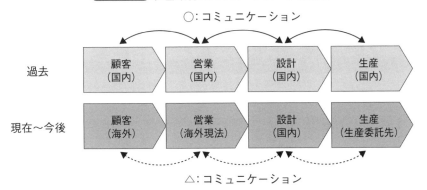

図表4・1 経営環境とバリューチェーンの変化

ばよかったが、海外案件については、海外現地法人の営業部門と直接会話する必要があった。顧客との打合わせにおいても、言語問題、商習慣の違いに課題があり、たとえば、契約前の仕様定義、契約後の変更管理がより厳格に求められていた。

(3) 生産プロセスの課題

D社の生産プロセスは大きな転換点を迎えていた。当時D社は、生産を外部に委託する比率を半分以上にまで引き上げていた。設備事業部も、すでに数年前からほぼすべての製品を外部に生産委託していた。その理由は、コスト競争の激化であった。

D社と生産委託先は基本的に別資本であり、すべての指示や依頼は契約に則って行う必要があった。そのため生産委託先から見ると、D社の営業情報、案件情報をつかむことが難しく、短納期の依頼の頻発のために欠品やデッドストックを発生させていた。海外案件の増加が、さらに案件情報の不透明さを増長させていた。

D社では、これらの状況を踏まえ、抜本的に営業、設計、生産プロセスを見直す必要性に迫られていた。

2 改革コンセプト1：
バリューチェーンの目指す姿

バリューチェーン上の各プロセスの問題と解決策は何か？

● プロジェクトチームが描く改革コンセプト

　このような状況下で、D社の経営幹部はプロジェクトチームを発足させ、改革プランの策定と実行支援を指示した。

　プロジェクトチームは、1週間の関係部門へのヒアリングを経て、現状プロセスの問題点と目指す姿を作成した（図表4・2）。本プロジェクトの「改革コンセプト」と呼んでいいだろう。また、合わせて各プロセスの問題点を整理し、以下のようにまとめて経営幹部に報告した。

(1) 見積プロセスの問題

　「仕様がなかなか決まらない」「見積に時間がかかる」という声が多い。このプロセスが非効率である理由は次のとおりである。

　製品カタログは存在し、そこには主要な諸元と、オプションや性能グレードに関する数十のバリエーションが準備されている。その範疇で受注できるのであれば問題はない。しかし実際の商談では、カタログ仕様のすき間に顧客の要求が入り込んでくる。つまり、カタログ化されていない部分の仕様確認に時間がかかっている。

　また、見積に時間がかかるのも同様の原因からである。カタログ仕様のすき間に要求があると、技術に問い合わせして見積を行う必要がある。商談段階では、顧客からさまざまな見積パターンを要求され、その都度海外現地法人から技術への問い合わせが発生する。これは国内商談でも同様であったが、海外商談の場合には見積回答の時間も顧客の評価基準の1つになっているので、プロセス改善事項としては必須である。

(2) 設計プロセスの問題

　受注後の設計・手配プロセスであるが、「受注してから仕様確認」「受注してから都度設計」という事象が多いとの指摘がある。本来は受注前に決定しておくべき仕様が整合されていない、十分に議論されていないことが理由で

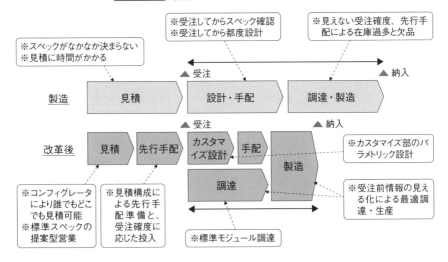

図表4・2 従来プロセスの問題とあるべき姿

ある。

また特注仕様で受注すると、ほとんどのケースで追加設計が発生している。追加設計であっても、過去の技術資産が再利用可能な形式で管理されていれば流用が可能であるが、流用部品が他のアセンブリや部品に影響する可能性も考えられ、流用設計は率先して行われていない。

(3) 調達・製造プロセスの問題

最後に調達・製造プロセスである。「工場から受注確度が見えない」「結果として、在庫過多と欠品が発生する」という問題指摘があげられている。生産工場にとって、短納期生産を実施するためのポイントは、受注前にどれだけ仕込み（準備）をしておけるかである。

工場からみて、海外商談案件の受注確度は、国内案件よりもはるかに把握が難しい。工場側の判断で、部品の事前調達などの準備をするのだが、その結果として、割込み受注による欠品の発生や、先行手配の読み違いで在庫過多となる事象が発生している。

●目指す姿の提案

このような問題に対して、プロジェクトチームは、改革ポイントを図表4・2（下）のように整理し、経営幹部に次のような目指す姿を提案した。

(1) 見積プロセスの目指す姿

「コンフィグレーターで誰でもどこでも見積可能」「標準仕様の提案型営業への変革」というコンセプトを提案する。コンフィグレーターとは、仕様の選択により、BOMの構成を自動的に作成（コンフィグレーション）するシステムのことである。このシステムを利用することで、カタログに記載されたバリエーションよりもはるかに多い組合わせのBOMを自動生成することができる。そして、設計部門への問合わせを削減できる可能性もある。

また、コンフィグレーターを用いると、従来のカタログよりも多くのバリエーションを標準または標準オプションとして提案することができる。つまり、より広い条件を顧客に提示ができ、さらに自社にとって有利な方向に顧客を誘導することが可能になる。誘導営業により、追加設計（特注設計）を抑制することができ、自社の技術資産の流用度を高くすることもできる。また、工場視点で見ると、部品やモジュールの共通性が高まるので、欠品や在庫過多、デッドストックの削減効果が期待できる。

(2) 先行手配プロセスの目指す姿

本プロセスは従来から工場で行われてきたものであるが、従来プロセスに対して新しい点は、見積構成（見積BOM）を先行手配に利用できることにある。コンフィグレーターで生成された見積BOMを、フォーキャスト[1] BOMとしてERPにインプットし、先行手配する部品をMRP[2]により所要量計算し、自動発注する。これにより、戦略的に投入する案件や、受注確度が高い案件については、人の手を介さずに、発注につなげることができる。また、長納期部品については、サプライヤーに対して、より精度の高いフォーキャスト情報を提供することができるようになる。

短納期の商談は、受注前にどれだけの準備をするかが成否の分かれ目である。これのプロセス改革により、生産工場は部品の補充の効率と精度を同時に向上することができる。

(3) 設計プロセスの目指す姿

設計プロセスでは、コンフィグレーターが標準仕様やオプションが選択された場合には、標準モジュールを引き当てることで、設計BOMを完成する方式を提案する。仮に特注仕様が入った場合でも、3DCADのパラメトリック設計[3]で対応可能とする。これらの方策により、設計工数の大幅削減が期待できる。

標準モジュールの組合わせだけで製品が完成する場合には、設計部門の手

を介することなく、標準モジュールを手配することができる。これはまさに、従来からＤ社が実現したかったBTO[*4] プロセスである。

(4) 改革後の調達・製造プロセスの目指す姿

調達プロセスでは、案件確度情報と見積BOMを共有し、フォーキャストによる欠品と過剰在庫削減策を提案する。また、製造プロセスでは、モジュールの組合わせでブロックビルド的に組立を行い、短納期生産を提案する。モジュール化を活用した生産方式である。

参考文献：三河進（2012）『製造業の業務改革推進者のためのグローバルPLM』、日刊工業新聞社

用語解説

- [*1] フォーキャスト：生産リードタイムを短縮することを目的とし、受注や生産が確定する前に必要な部品を先行手配、または手配予告を行うための予測情報。
- [*2] MRP：Materials Requirements Planning の略で、資材所要量計画のこと。BOMを用いて、販売計画、生産計画から必要な資材の所要量と納期を算出するための生産計画手法。
- [*3] パラメトリック設計：3DCAD上で、部品に付与された寸法を変数として取扱い、変数を変更することで部品形状を修正して、設計効率を高める設計手法。
- [*4] BTO：Build to Order の略。受注生産において、受注仕様に対応するあらかじめストックされた中間品を組み立てて生産することで、完成品在庫を持たずに、受注から出荷までのリードタイムを短縮するための生産手法。

3 改革コンセプト２：
モジュラー設計の導入

仕様多様化と部品種類数削減を両立するモジュラー設計とは何か？

● 仕様の多様化と部品種類数削減の両立

　プロジェクトチームは、本プロジェクト実現のための改革の原動力（エンジン）は、モジュラー設計だと考えていた。

　図表4・3に、モジュラー設計が解決する一般的な問題を示す。とくに対策を打たないと、仕様数の増加に伴い、部品種類数や工程種類数が指数関数的に増加していく。結果的に設計コストや管理コストが増加し、売上が増えても利益は増加しない、むしろ減少するという問題が発生する。モジュラー設計は、市場要求への対応を多様化または維持することを前提として、部品や工程種類数を減少させようとするコンセプトである。つまり、仕様の多様化と部品種類数削減の両立が、モジュラー設計のねらいである。

　モジュラー設計実現のための実際の作業は、仕様、設計や部品のパラメータ、生産工程、生産設備の標準化である。これらを推進するためには、複数の分析手法やツールを活用する必要があるが、これらについては解説で補足したい。

　図表4・4は、プロジェクトチームが策定したモジュラー設計を活用した新しいBOMの流れである。順に確認しよう。

- モジュラー設計の結果は、標準構成（設計BOM）つまりマスター情報として、モジュールデータベースに格納される。ここに、受注案件で活用されるモジュールが管理される
- コンフィグレーターで入力される仕様値が、営業設計のアウトプットである。これに基づいて、仕様値に適合するモジュールが選択され、見積構成（見積BOM）が作成される
- オーダー設計（受注設計）では、モジュールを末端の部品まで展開した手配構成（設計BOM）が生成される。特注設計した場合には、生成された構成に対して、部品を追加・修正する。手配構成が完成したら、オー

図表4・3 モジュラー設計が解決する問題

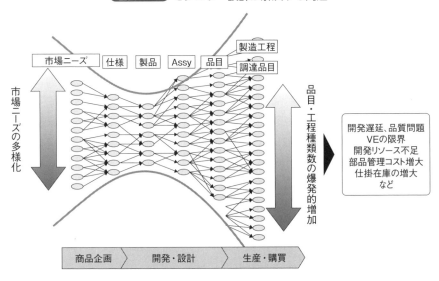

図表4・4 モジュラー設計によるBOMの流れ

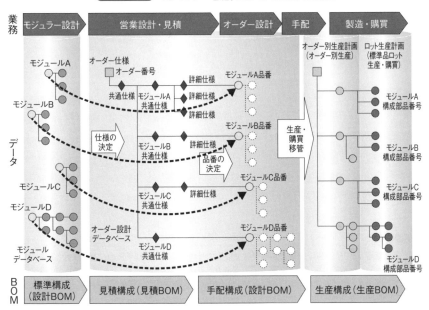

ダー設計データベースに格納し、生産工場にリリースする
- 製造・購買プロセスでは、設計からリリースされた手配構成に基づき、生産構成（生産BOM）を編集して完成する。編集例は、外部発注のための中間品の設定、自社の調達不要部品の削除などの構成修正である
- 生産管理システムでは、製番管理[*1]とロット管理のハイブリッド型の生産管理を行う
- 生産構成の上位レベルにはオーダー別品番を付与し、オーダー別に生産計画や手配、生産進捗管理を行う
- モジュールやその構成部品については、在庫品として手配や納入、出庫を行う。つまり最終的に引き当てられるオーダーとは、独立したロットで生産指示される。そして、工程に払い出されたタイミングでオーダーに引き当てられる（この方法が製番管理の弱点を補う）

プロジェクトチームは、モジュールを営業 〜 設計 〜 生産プロセスのエンジニアリングチェーン全体で活用し、目的別BOMの流れを整流化することで、設計工数・部品種類を削減しながら、在庫の最小化、全体リードタイム短縮の両立を図ることを、経営幹部に提案した。

用語解説

*1) 製番管理：BOMや生産管理を製番単位で個別に管理する生産管理手法のこと。製番とは製造番号のことで、一般的に製造オーダーと同意である。製造オーダー単位で、手配管理や原価集計がしやすい利点があることから、案件別に仕様やBOMが異なる個別受注生産品において広く用いられる。その反面、共通部品を他の製番に共用（転用）しにくいなど、共通部品の有効活用の面で課題がある。

4 モジュール化パイロットの キックオフ

パイロットフェーズのキックオフでの留意点について解説する。

● モジュール化検証のフェーズ

　プロジェクトチームは、改革コンセプトであるモジュラー設計の意義については理解していたが、自社の製品に対してモジュラー設計が本当に適合するのかという懸念を持っていた。

　そこで、プロジェクト開始にあたって実施したのは、モジュール化パイロットと呼ばれる検証のフェーズであった。このフェーズについては、進め方や分析の経験、ノウハウが自社になかったので、専門知識を有するコンサルタントに協力を仰ぐことにした。

　モジュール化パイロットの目的は、対象製品のモジュール化可否検証と新業務イメージの策定であった。プロジェクトチームは、コンサルタントから提案された図表4・5の手順に従って進めることにした。この進め方には、以下の3つの留意点が含まれていた。

　一番目は「#1：計画整合」のタスクに含まれる図表4・6に示す活動体制である。モジュラー設計という言葉から設計主体の改革と思えるが、その影響は営業、生産管理、調達、製造、情報システムに及ぶ。よって、設計部門だけでなく、それらの部門のキーマンのアサインが必須であった。

　プロジェクトチームにとっての体制構築上の不安材料は、調達、製造部門が外部の生産委託先企業であることであった。しかし予想に反して、彼らにとっても、このプロジェクト成功の恩恵は大きいということであり、参画には非常に協力的であった。結果的に、検討や改革推進に十分な体制を構築することができた。

　二番目は、本フェーズはプロジェクトの出発点であると同時に、成功を占う意味をもっていることだ。モジュール化の可否検証といっても、不可という結論が出ると、プロジェクトは振出しに戻ってしまう。つまり必ず成功させなければいけないということである。となると、重要なのは、最初に検証

を行う対象製品の選択である。「#2：対象製品の決定」のタスクでは、モジュール化が成功しそうであり、かつビジネス的な効果が出そうな製品を選択することが絶対条件であった。対象製品の選択基準や評価方法については、「5　固定・変動分析と決定表の作成」および解説⑥で詳細を説明する。

図表4・5 モジュール化パイロットフェーズの手順

#	タスク名称	タスク内容
1	計画の整合	パイロットフェーズの計画・体制を整合する
2	対象製品の決定	パイロットフェーズで検証する製品または部位を決定する
3	固定・変動分析	対象製品の固定・変動分析(現状分析)を行う 標準化を進めるための固定・変動ルールや、仕様の標準化を進め、製品のバリエーションを削減する
4	決定表の作成	仕様に対する部品表バリエーションを記述した、決定表を作成する
5	新業務コンセプト策定	モジュラー設計による新業務のコンセプトを具体化する
6	今後の計画立案	以後の実行計画、必要な体制を策定し、経営幹部に報告する

図表4・6 モジュール化パイロットフェーズの体制

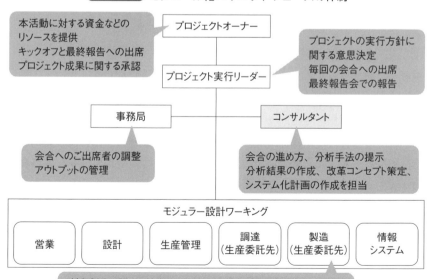

三番目は、「#3：固定・変動分析」と「#4：決定表の作成」の連続したタスクを2サイクル行うことである。この2つのタスクの目的は、モジュール化可否の見極めであった。これらを2サイクル行うことは、1製品の中ではあるが、2つの機能ユニットでモジュール化を検証することにより、より高精度な判断ができることを意味していた。

　キックオフミーティングでは、図表4・7のパイロットフェーズの概略スケジュールがガントチャートで示された。その中で、前述した2サイクル、3ヵ月間の時間の使い方、各会合の日程や参加すべき出席者と役割分担についても説明が行われ、経営幹部、アサインされたメンバー間で合意がなされた。さらに、3つの留意点を踏まえて、「#2：対象製品の決定」に入る準備を進めた。

図表4・7 モジュール化パイロットフェーズのスケジュール

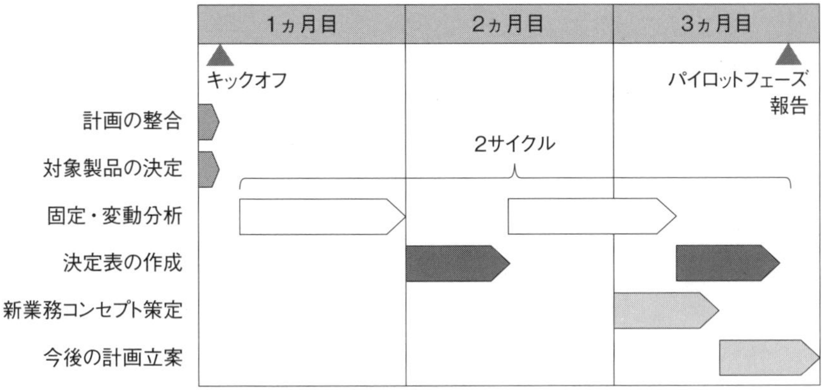

	1ヵ月目	2ヵ月目	3ヵ月目
	キックオフ		パイロットフェーズ報告
計画の整合	▲		
対象製品の決定	■	2サイクル	
固定・変動分析	→	→	
決定表の作成		→	→
新業務コンセプト策定			→
今後の計画立案			→

5 固定・変動分析と決定表の作成

モジュール化パイロットの具体的作業について解説する。

● 対象製品の決定

プロジェクトチームは、モジュール化パイロットでの検証の対象となる製品の選定に入った。評価には「モジュラー設計適性分析ワークシート」を用いた。このワークシートでは、ビジネス的要因、製品としての改善の必要性、モジュール化するにあたっての制約を評価することができる（解説⑥参照）。

結果として、今後海外販売を強化し、かつ特注設計が多い製品カテゴリーを選択した。当初より有力候補とされていた製品であった。また、バリエーションが多く、標準化が十分でない2つの主要機能ユニットを選択した。これらがモジュール化できれば、他の機能ユニットもモジュール化できるだろうとの判断があったからだ。

● 固定・変動分析

固定・変動分析の目的は、構成部品を変動させる仕様の把握と、設計ルールの標準化である。図表4・8は固定・変動分析結果の抜粋である。

プロジェクトチームは、設計担当者から製品に関する技術情報をヒアリングしながら、横軸には製品仕様、縦軸には構成部位を記載し、マトリクス部分にそれらの依存関係をマークして、完成させた。ここからたとえば、「パレット」を変動させる仕様は、「移動量（距離）」「作業面積」「主軸回転速度」であることを読み取ることができる。

実践してみてわかったことは、マトリクスのマーク個所は、設計者により異なることだ。これは、人により設計ロジックが違うということを意味する。これも踏まえて、設計ルールの標準化を進める必要があることも認識した。

モジュラー設計における設計ルールの標準化による効果や必要性は解説⑥

で補足したので、ご確認いただきたい。

● 決定表

次にプロジェクトチームは、「決定表」の作成に着手した（注：「決定表」という言葉は筆者が命名した。仕様の組合わせからモジュール品番またはBOMを決定することから、このように呼ぶことにした）。

パイロットフェーズは3ヵ月間という限られた期間でモジュール化の検証を行うことを計画していたため、決定表を作成するモジュールは2つの機能ユニットに絞って行った。図表4・9は、そのうちの1つである「パレット」モジュールの決定表の一部である。決定表は、以下の3つの要素から構成される。

（1）仕様値の組合わせ

図表4・8の固定・変動分析結果から「パレット」を変動させる仕様は「移動量（距離）」「作業面積」「主軸回転速度」であることがすでにわかっていた。過去の案件を調査すると、これらの仕様の受注時の値は特注仕様を含め各10種類以上あり実に多様であったが、標準仕様値を、営業のワーキングメンバーも含めて協議し、以下のように絞り込んだ。

- 「移動量（距離）」は、700と1000の2種類
- 「作業面積」は400×400、600×600、800×800の3種類
- 「主軸回転速度」は50～1000、100～2000、200～3000の3種類

この結果を元に、仕様値の組合わせを単純に展開する（掛け算する）と

図表4・8　固定・変動分析

構成部位 \ 製品仕様	移動量(距離)	移動量(角度)	作業面積	電源	主軸回転速度	主軸テーパ穴	早送り速度	工具収納本数	…
テーブル			●					●	
パレット	●		●		●				
スピンドル	●				●	●			
ATCアーム					●	●			
NC装置					●		●		
⋮									

図表4・9 決定表（パレット）

(1)仕様値の組合わせ（全展開結果）			(2)仕様値の組合わせに対する評価		(3)モジュールの部品番号と名称	
移動量(距離)	作業面積	主軸回転速度	可否	推奨	部品番号	部品名称
700	400×400	50-1000	○	○	Y357519	パレット
700	400×400	100-2000	○		Z693645	パレット
700	400×400	200-3000	○		Z509575	パレット
700	600×600	50-1000	○	○	X929323	パレット
700	600×600	100-2000	○	○	X281147	パレット
700	600×600	200-3000	○	○	X551582	パレット
700	800×800	50-1000	○		X720651	パレット
700	800×800	100-2000	○		Z813383	パレット
700	800×800	200-3000	○		X722342	パレット
1000	400×400	50-1000	○		Y319494	パレット
1000	400×400	100-2000	○		Y923084	パレット
1000	400×400	200-3000	×		X746896	パレット
1000	600×600	50-1000	○	○	Y672624	パレット
1000	600×600	100-2000	○		Z246763	パレット
1000	600×600	200-3000	×		Y562187	パレット
1000	800×800	50-1000	○	○	X432840	パレット
1000	800×800	100-2000	○	○	Y215313	パレット
1000	800×800	200-3000	○		Z350364	パレット
⋮	⋮	⋮	⋮	⋮	⋮	⋮

18種類の組合わせを作成した。この結果を、図表4・9に示す決定表の左の3列に埋め込んだ。

(2) 仕様の組合わせに対する評価

次にプロジェクトチームは、仕様値の組合わせに対する評価を行った。それは、「その組合わせが技術的に成立しているのか」「営業戦略として積極的に販売すべきものなのか」という観点である。

その評価結果を、決定表の「可否」と「推奨」の列に埋め込んだ。「可否」は、その組合わせが技術的に成立しているかどうかのフラグであり、「推奨」は積極的に誘導したい仕様値の組合わせを示すフラグである。

「推奨」の理由は企業によりさまざまであろうが、例をあげると、「選択されるモジュールの原価が低い」「製品としての利益率が高い」「部品の調達が容易である」「品質がよい」などが考えられる。

ちなみに、決定表はコンフィグレーターが仕様に適合するモジュール品番の選択やBOMを自動生成する処理のマスターとして利用される。したがって、このフラグを用いて、技術的にできない仕様の組合わせを選択不可にすることや、推奨の組合わせをユーザーに知らせることができるのである。

(3) モジュールの部品番号と名称

　ここには、仕様値の組合わせで決定されるモジュールや部品の品番を定義し、図表4・9の部品番号の列に追記した。部品名称はすべて「パレット」とした。

　パイロットフェーズは、対象製品の2つの機能ユニットのモジュール化可否を検証することが目的なので、2つの決定表を作成するに留めた。しかし、2つの決定表を無事に完成することができたということは、対象製品全体をモジュール化できる可能性が高いことを示す。これにより、今後、この分析を繰り返すことで製品全体のモジュール化を完成することができることと、モジュール化に要するおおよその作業時間の見通しを立てることができた。

　この分析を通してプロジェクトチームが発見したことは、モジュール化に向かない製品の特徴の1つとして、擦合わせ色が強い製品であるということだ。これは固定・変動分析で可視化することができ、仕様と構成の依存関係を示すマークが非常に多い場合に、この特徴が表れることがわかった。

　このフェーズでは2つの機能ユニットに絞って検証を行ったが、仮にすべてのモジュールの決定表が完成すると、製品全体の仕様値を決めることで、製品全体を構成するモジュール品番の組合わせが完成できることが理論上わかった。

　ここまで説明するとご理解いただけると思うが、固定・変動分析で行った構成部品を変動させる仕様の特定は、決定表の仕様値の組合わせ部分を作成するのに利用されたのである。

解説⑥
モジュラー設計におけるさまざまな分析

◎モジュラー設計適性分析

　ここでは、モジュラー設計を推進するための分析ツールをご紹介する。まずは、図表⑥・1に示す「モジュラー設計適性分析ワークシート」だ。

　モジュラー設計はどのような製品にでも適用できるわけではない。やはり向き・不向きがある。ただし、モジュール化パイロットで最初にモジュール化検証を行う製品は、成果を確実に出す必要がある。したがって、モジュラー設計に向く製品やユニットを選定することが重要だ。

　いくつかの製品のモジュール化を実践したら、どのような製品で成果が出やすいか、感覚的に判断できるようになるが、最初は何かの指標を頼りに判断するほうが賢明であろう。

　「モジュラー設計適性分析ワークシート」は、モジュラー設計により、候補製品やユニットのビジネス的、技術的な改善のしやすさを評価するための分析ツールである。ワークシートの使い方にはいくつかの項目がある。

●候補製品

　ここには候補となる製品分類（カテゴリー）を記入する。たとえば、車両の分類だと、

- 乗用車
- 軽トラック
- トラック
- トラクター
- バス
- フォークリフト
- 軽乗用車

などをあげることができる。

　モジュラー設計が対象とするのは、単一の商品名、ブランド名の付いた製品や機種ではなく「分類（カテゴリー）」である。なぜなら、その分類の中の個別製品を横断して、仕様や部品、工程の共通化を図るからである。

●候補ユニット

　ここには、ユニット、モジュールの候補を記入する。車両の場合では、

- エンジン
- メーター
- 変速機
- エアコン
- パワーステアリング

などをあげることができる。

● **製品プラス要因**

　モジュール化を検討するに当たってのビジネス的な要素を評価する。当然のことながら「売上が大きい」「成長率が高い」というのは、モジュール化した場合のビジネス的な効果が出やすいという意味で、対象候補としての加点要素となる。

　それ以外には、ライフサイクルの長さ、つまり製品寿命を評価する。標準化したモジュールを長期間利用できるので、利益を享受できる期間が長いからだ。

● **対象ユニットプラス要因**

　ユニットとして、モジュラー設計が解決できる問題を抱えているかを評価する。これは、技術的な効果が出るかどうかという観点での加点要素である。

● **対象ユニットマイナス要因**

　これは、モジュール化のしにくさ、制約の強さを評価している。たとえば、ユニット間の依存関係が強く、擦合わせにより品質要求を達成する度合いが大きい場合には、ユニット、モジュールの独立性が低いと考えることができるので、不向きである。

　また、標準モジュールを開発しても、顧客や市場が特殊仕様を強く要求する製品やユニットは、モジュール化に向いているとはいえない。

図表⑥・1　モジュラー設計適性分析ワークシート

No	候補製品	候補ユニット	製品プラス要因			対象ユニットプラス要因					対象ユニットマイナス要因			総合評価
			製品としての売上が多い	製品の成長率が高い	ライフサイクルが長い	設計工数が多い	品質問題が多い	検討が不十分	コスト削減	バリエーションが多い	標準化が進んでいない	顧客のこだわりが強い	単独で仕様を決定できない	
1														
2														
3														
4														
5														
6														

これらに該当する製品は、モジュール化対象として減点要素として評価する。

　ちなみに、筆者は過去に携帯電話のモジュール化について相談を受けたことがあるが、適性はマイナスであると回答した。携帯電話は、当時すでにコンパクト化が追求されている最密充填設計になっており、空間上の制約が強いことがわかっていた。つまり、携帯電話の内部に存在するユニットの形状上の依存関係が強く、擦合わせ傾向が強いと判断した。また、携帯電話のライフサイクルは短い。一時的にモジュール化、標準化を行っても、すぐに設計資産が陳腐化することも理由の1つだ。

◎固定・変動分析

　続いて、モジュラー設計分析でもっとも重要である「固定・変動分析」について解説する。筆者は、構成と仕様のマトリクスを作成することから、「構成・仕様分析」と呼ぶこともあるが、これらは同じ意味である。

　固定・変動分析には、いくつか目的がある。

●仕様と構成部位（ユニットや部品）の依存関係の可視化

　この分析は、「仕様に対して構成部位が固定であるか、または変動であるのか」を可視化することができる。

　固定・変動分析のもっともシンプルなモデルを説明したのが、図表⑥・2（左）である。この図には、3つの仕様と3つのユニットがあり、マトリクス上で仕様とユニットの関係に○が付けられている。仕様に対して○があるユニットが1つずつなので、それぞれが一対一対応になっている。この関係は、ユニットは仕様に対して独立な状態だといえる。

　この状態が成立していると、仕様値の変動に対して他のユニットは関係なく、対応するユニットだけを開発すればよいということになる。これが、モジュラー設計の理想状態である。

　図表⑥・2（右）は、この考え方をPC（パソコン）で例示したものである。固定・変動分析結果から、以下の関係を把握できる。

- CPUは、処理速度の仕様で決まる
- HDDは、記憶容量の仕様で決まる
- モニターは、表示解像度の仕様で決まる

　たとえば、処理速度の仕様バリエーションが増えると、対応するCPUだ

解説⑥ モジュラー設計におけるさまざまな分析

けを開発すればいいということになる。

●**モジュラー設計の理想状態へのアプローチ検討**

　もう一歩踏み込んでみる。図表⑥・3（左）は、擦合わせ型製品（ユニット間に多くの依存関係があり、それらを調整することで仕様値を実現するタイプの製品）に対して、分析したモデル図である。マトリクスには、対角線以外のところにも多くの○が存在する。つまり、仕様とユニットの関係は多対多であり、ある仕様が変更されると、複数のユニット間の調整（擦合わせ）や新規開発が必要ということになる。また、特定仕様のための調整を行うと他の仕様に影響が出る可能性があり、再調整を行いながら全体のバランスをとり、完成度を高める。これが、擦合わせが必要な状態である。

　したがって、モジュラー設計の理想に近づける作業は、○の個所を削減するということになる。図表⑥・3（右）は、（左）を改善し、○を4ヵ所に削減した結果である。若干の擦合わせはまだ残存するが、理想状態に近づける

図表⑥・2 固定・変動分析

	仕様A	仕様B	仕様C
ユニットX	○		
ユニットY		○	
ユニットZ			○

モジュラー設計の理想状態

	処理速度	記憶容量	表示解像度
CPU	○		
HDD		○	
モニター			○

モジュラー設計の実現例（PC）

図表⑥・3 固定・変動分析による設計標準化

	仕様A	仕様B	仕様C
ユニットX	○		○
ユニットY	○	○	○
ユニットZ		○	○

設計ルールが未整備の状態
（擦合わせ設計）

	仕様A	仕様B	仕様C
ユニットX	○		
ユニットY		○	
ユニットZ		○	○

設計ルールが整備された状態
（ほぼモジュラー設計）

ことができたといえる。これを実現するためのアプローチ方法は、技術的なユニット間の実質的な独立性の改善や、仕様を満足するための設計上の固定・変動ルールの標準化が考えられる。

◎コンフィグレーターの処理

コンフィグレーターとは、仕様情報からBOMを生成するシステムのことである。

図表⑥・4は、モジュラー設計に対応したコンフィグレーターの処理モデルである。インプットは、商談段階の未確定の仕様情報、または受注後の確定仕様情報である。

コンフィグレーターの機能は、仕様の確度とは関係なく、仕様情報をBOMに変換することである。

アウトプットは、利用用途で考えると3種類ある。見積構成(見積BOM)、FC構成(生産BOM)、手配構成(設計BOM)、それぞれの生成である。3つのBOMの利用用途は異なるが、コンフィグレーターのアウトプットは、本質的には1種類である。図中、FC構成と手配構成は末端部品まで展開されているが、実際にはコンフィグレーターだけでは完成しない。PLMやERPで管理されるモジュール構成と結合されて初めて、末端部品まで展開できる。

以下にコンフィグレーターを構成する要素について解説するが、少々テクニカルな話になるので、興味のある人が確認していただければよい。

●機種別BOMテンプレート

コンフィグレーターがBOMを生成する際に利用する、品番が定義されていない製品の標準的な構成、枠組みである。たとえば、

　機種Xを構成するモジュールは、モジュールA、B、C

　機種Yを構成するモジュールは、モジュールB、C、D

　機種Zを構成するモジュールは、モジュールC、D

という親子関係をテンプレートに記載する。ここでリストしたモジュールはそれぞれモジュールの種類を示すものであって、品番が決定されているわけではない。たとえば、電源モジュール、電子基板モジュール、光学モジュール、熱交換器モジュールなどという製品を構成する要素と考えるとよい。コンフィグレーターは、テンプレートに記載されたモジュール構成と、決定表

で決定されたモジュール品番から、製品全体のBOMを生成するのである。

● モジュール別決定表

モジュール決定表は、仕様値をモジュール品番に変換するテーブルのことである。また、この中に推奨品番やモジュール内の仕様値の組合わせの成立性も定義されている。

● モジュールマスター

見積書に出力するモジュールの属性を管理するマスターである。モジュールの名称や形式、原価情報などが属性として管理される。

● ルールマスター

仕様値の組合わせの禁則ルールをマスター化したものである。モジュール別決定表の中でもモジュール内仕様値の組合わせの成立ルールは定義されているが、このルールマスターは、それでは表現できないモジュール横断で発生する禁則ルールを規定する。

たとえば、国内仕向けが仕様値として選択された場合に、国内で使用されない電圧値は選択できないようにする、といったモジュールを超えたルールを記述したマスターである。

図表⑥・4 モジュラー設計に対応したコンフィグレーターの処理モデル

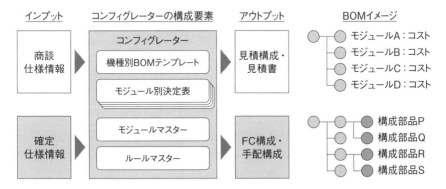

6 新業務コンセプトの具体化

モジュール化がもたらす営業、設計、生産プロセスの変化点とは？

　対象製品のモジュール化の見通しを立てた後、プロジェクトチームは、新業務コンセプト策定を開始した。その目的は、新業務イメージを具体的に描き、将来の業務イメージを共有することだ。

　モジュラー設計は、設計プロセスだけの変革ではなく、営業プロセス、生産プロセスにも影響を及ぼす。その3つのプロセスに対して新業務コンセプトを具体化し、プロジェクトチーム内でディスカッションし、完成させた。その結果を以下に示す。

● 営業プロセス

　営業プロセスでは、改革コンセプトで示したとおり、コンフィグレーターを用いた提案型営業を行う。図表4・10（左）は、営業部門が活用するコンフィグレーターの画面のイメージである。コンフィグレーターは大きく、製品仕様選択画面と見積条件設定画面の2つから構成される。製品仕様選択画面には、顧客と整合が必要なすべての仕様が定義されている。当然、商談の初期段階ですべての仕様を決定することはできないので、仕様が決定できない場合には、デフォルト値（初期値）を使用して、見積を作成する。

　提案型営業は、極力デフォルト値、またはコンフィグレーターが推奨する仕様値に誘導することがポイントである。選択肢にない仕様値は特注仕様であり、特注設計発生の原因になる。

　商談が進行すると、営業部門は案件仕様情報を改版し、顧客と合意した仕様値をインプットして、仕様値や見積の精度を高めていく。

　また、コンフィグレーターにはルールチェック機能が搭載されており、実現不可能な仕様値の組合わせは選択できないようになっている。ルールチェック機能とは、設計者の仕様値の禁則ナレッジをデータベース化して、誰もが活用できるようにしたものである。さらに、見積条件設定画面では、

国別の為替レート設定や原価率などを設定する。

これらの情報を用いて、現場で見積書を生成する。図表4・10（右）はその業務イメージである。また、受注前でも案件確度に応じて、フォーキャスト情報を出力し、先行手配を行うことも可能とする。

図表4・10 営業プロセス改革、先行手配のイメージ

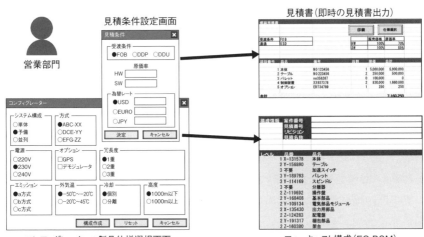

図表4・11 設計プロセス改革のイメージ

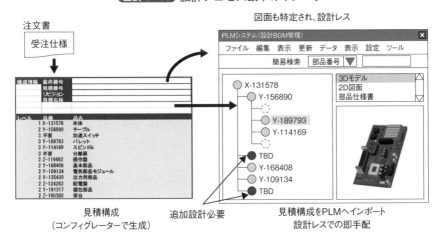

● 設計プロセス

　図表4・11（左）は、設計プロセスの変革後のイメージである。設計部門は、最終確定された受注仕様をコンフィグレーターにインプットし、見積構成（受注した案件なので、受注構成と呼ぶべきだが、ここではコンフィグレーターのアウトプットを見積構成と呼ぶことにした）を出力する。見積構成は、モジュールレベルまでしか作成されていないが、これをPLMシステムに登録すると、同じくそこに登録されているモジュールBOMと結合され、末端の部品まで展開された手配構成（設計BOM）を生成することができる。図表4・11（右）は、PLMシステムの画面に表示された手配構成（設計BOM）のイメージである。

　PLMシステムの画面構成を簡単に説明すると、画面左のボックスは、生成された手配構成（設計BOM）を表示している。右上は、設計BOMの選択されたアイテムに添付されたドキュメントのリストである。この図の例では、手配構成上（設計BOM）で選択された部品に3つのドキュメントが添付されていることを示す。右下はドキュメントのプレビューである。この図の場合は、手配構成（設計BOM）上で選択された部品に関係づけられた電子基板の3Dモデルが表示されている。

　すべて、標準モジュールで設計BOMが構成されていれば、この処理で手配構成は完成である。しかし、特注仕様がある場合には、図表4・11（右）のように追加設計が必要なので、標準モジュールや部品が引き当たっていないことを示すシグナル（品番がTBD：未定）が表示される。設計部門はこれらの部品に対して追加設計し、手配構成（設計BOM）を完成させる。

　これが、標準モジュールを最大限に流用し、新規に設計が必要な部分だけを設計する業務イメージだ。

● 生産プロセス

　生産プロセスでは、フォーキャスト構成を用いた先行手配がポイントとなる。図表4・12は、ERPに投入される予定の戦略投入案件の一覧と、フォーキャスト構成から先行手配モジュール品番リストを生成し、それを元に部品調達を行う新業務イメージである。

　また、標準モジュールや部品を先行手配して中間品在庫とし、受注が確定した段階でモジュールを選択し、それらを組み立てることで、仕様に対応した完成品を仕上げるBTO型の生産方式を目指す。モジュールのブロックを

組み立てるイメージに近いので、ブロックビルド生産と呼ぶこともできる。モジュラー設計により、部品やモジュールの種類を最小化しながら、受注から納入までのリードタイムの大幅な短縮との両立を図るのである。

図表4・12 生産プロセス改革のイメージ

Column

合宿形式によるプロジェクト立上げワークショップ①
ユーザー部門の参画の問題

　BOM再構築のプロジェクトもそうであるが、BPR（業務プロセス改革）プロジェクトでは、ユーザー部門の参画が必須である。
　ただ、往々にしてユーザー部門のキーマンは多忙であり、その時間を割けないものである。
　経営企画部門が、BPRプロジェクトを起案しても、実際にそのプロジェクトを立ち上げるには、ユーザー部門の協力が必須である。しかし、一般的な企業の構図は、以下が実情であろう。

- 経営幹部、企画部門は改革をやりたい
- ユーザー部門は必要性を感じるが、多忙のため二の足を踏んでいる
- 慣れた現状のやり方を踏襲したい
- 利用中の情報システムの操作性は改善してほしいが、本来のあるべき姿は自分たちにはわからない

　こうした状況の場合、合宿形式によるプロジェクト立上げワークショップが1つの解決策になる。　　　　　　　　　　　　　　　　　（129ページに続く）

7 目的別BOMの連携

目的別BOMの要件と、連携するための情報基盤とは？

　次にプロジェクトチームは、新業務コンセプトを支える目的別BOMの連携方式、および情報基盤について検討した。
　図表4・13は目的別BOMの連携イメージ図である。大きく分けて、PLMが管理する領域、ERPが管理する領域で構成される。D社製品の生産は外部の生産委託先が担当しているので、ERPは委託先の管理下にある。よって生産委託先には、本プロジェクトのコンセプトが実現できるように、システム連携について協力を要請した。
　プロジェクトチームは、各BOMの要件を次のように定義した。

●見積構成（見積BOM）

- 見積構成は、これまでデータベースとして管理されていなかったため、新規に管理対象として追加する
- 案件情報や仕様・モジュールマスターを用いて、コンフィグレーターで見積構成を生成する。ここで生成される見積BOMの最小単位はモジュールである。モジュールはコスト情報を属性として持ち、構成されるモジュールが決定されると、製品全体のコストを集計することを可能とする
- 見積構成のトップASSYは、案件（受注前案件を管理するアイテム）である

●設計情報管理（CAD-BOM）

- CADデータ管理システムに格納されるいわゆるCAD-BOMを指す
- 3DCADや電気CADで作成されるアセンブリや回路構成と同じ構成であり、ここで3Dモデル、機構／回路図面などが管理される
- 3DCADや電気CADからチェックイン、チェックアウトを繰り返し、

設計完成度を高める。これらの技術情報の検図、承認がなされると、PLMに標準構成（設計BOM）としてリリースされる

● **標準構成（設計BOM）**

- このプロジェクトで新規に追加管理される標準モジュールを管理する設計BOMの一形態である
- 標準開発を行う設計部門は、これを最新化しながら開発を進めていく。標準構成のトップASSYは、原則的にモジュールとする

● **手配構成（設計BOM）**

- 製番ごとに作成し、生産工場への手配構成を保持する設計BOMの一形態である
- 見積構成が正式受注により格上げされたものである。見積構成の最小単位はモジュールだが、標準構成で管理されるモジュールを構成する部品と結合することで、末端部品までの手配構成を展開することができる
- 特注仕様が発生した場合には、この手配構成に設計部門がカスタマイズ部品を定義・完成することで最終化する

図表4・13 目的別BOMの連携イメージ

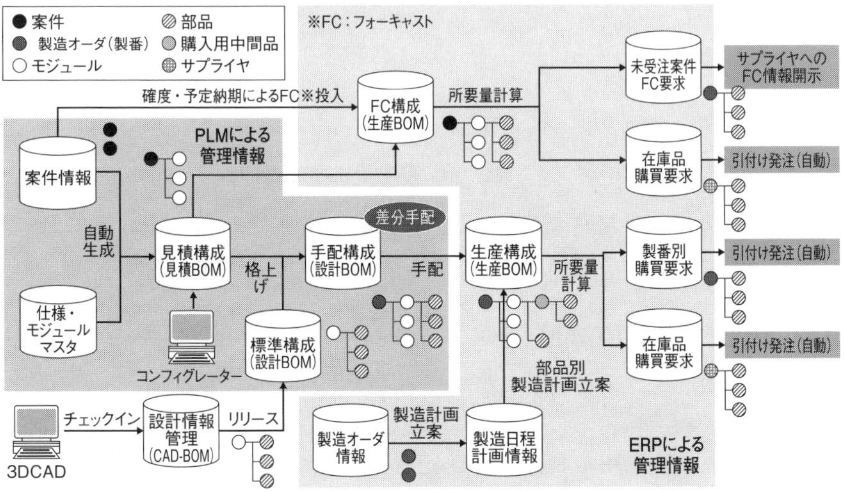

● 生産構成（生産BOM）

- 生産構成は、生産 BOM の一形態で、生産工場の計画部門が管理する
- 設計部門がリリースした手配構成を用いて、生産工程や調達上の都合を加味して構成を最終化する。たとえば、電子基板やユニット品などの組立工程を外部委託する場合に、中間品を追加する処理がこれに該当する。図表 4・13 では、購入用中間品が生産構成に追加されている
- 生産工程を反映して、生産 BOM の組換えを行うこともある
- 生産構成のトップ ASSY は、製番別の製品品番である

● 製番別購買要求

- 購買部門が管理する製番別、サプライヤー別にまとめた調達部品のリストである（注：調達部品の部品表であることから、調達 BOM と呼ぶこともできそうだが、構成情報ではないので、あえて購買要求と呼ぶことにした）
- 製番別にまとめられているので、納入後は製番引当部品として管理される
- 原則的に、必要日から逆算した自動引付け発注とする（調達リスクがある場合には、引付け発注に限らない）

● 在庫品購買要求

- 購買部門が管理するサプライヤー別にまとめた調達部品（在庫品目）リストである。在庫品に対して、発注点を割り込んだ場合に自動的に発注する
- 案件の受注確度が高まり、戦略的に投入される意思決定がなされた場合に FC（フォーキャスト）構成をもとに所要量計算がされ、購買要求に追加することができる
- 生産リードタイム短縮、欠品防止に対して重要な役割を果たす

● FC構成（生産BOM）

- このプロジェクトで新規に管理する BOM の 1 つである
- FC はフォーキャストのことである。FC 構成は、見積構成と標準構成を組み合わせて生成される生産 BOM の一形態である
- FC 構成は未受注案件の製品構成を表現するので、先行手配する意思決

定がなされた案件に対してのみ所要量計算を実施して、手配処理を行う

● 未受注案件FC要求

- このプロジェクトで新規に追加管理する購買要求の一形態である
- 購買部門が管理する未受注案件別、サプライヤー別にまとめたFC部品リストであるが、案件専用品なので、この案件を受注した場合だけに使用されるASSYや部品を表現している。したがって、受注確定するまで原則発注されることはなく、基本的にはサプライヤーにフォーキャスト情報を開示するのみに留める
- リードタイムが長い部品や調達リスクが高い部品については、戦略的に発注する場合もある

これらの目的別BOMや購買要求の連携により、コンフィグレーターで生成した見積BOMを用い、とくにリードタイム上のボトルネックとなる長納期品をシステマティックに先行手配する。そして組立工程の開始を早期化することで、全体のリードタイム短縮を図る。

Column
合宿形式によるプロジェクト立上げワークショップ②
ユーザー自身がビジョンを描く

　BPRの方向性は、企画部門の押売りではなく、ユーザー自身が新しい業務スタイルを実施したいと思うことが重要である。そのためには、ユーザー自身がビジョンを描くことがベストである。
　このワークショップは、通常1泊2日の合宿形式で行う。開発、生産管理、製造などの実務部門の部課長クラスの参加が必要なので、金曜の午後から開始して土曜夕方終了、または週末（土日）に実施することになる。
　会場は会社の会議室でもいいが、どうしても現状の業務スタイルに囚われてしまう傾向がある。そこで、新しい発想、アイデアを生み出しやすいように、社外の研修所を利用する方がベターである。　　　　　　　　（132ページに続く）

8 モジュラー設計改革の実行

モジュール化の検証ができた後、成果獲得に向けた実行手順は？

　自社製品のモジュール化の適合性の確認後、プロジェクトチームは、成果獲得に向けて、図表4・14に示す実行計画を立案し、遂行した。プロジェクトチームは、モジュラー設計実現が改革の原動力であることから、本プロジェクトを正式に「モジュラー設計変革プロジェクト」と命名した。パイロットフェーズの後、3つのフェーズに分けて推進したが、以下にその経緯を示す。

● 実行フェーズ

　モジュール化パイロットで、対象製品のモジュラー設計への適合性を確認した後、製品全体をモジュール化する段階に進んだ。標準化対象のユニット数や部品、図面点数は想定外に多く、計画6ヵ月に対して、実績は9ヵ月を要した。このフェーズでは以下の活動を実施した。

- 製品全体のモジュール化：製品全体をモジュール化し、標準構成の整備を完了した
- 図面・3Dモデルの標準化：標準化された設計情報を基準情報として再利用できるよう図面・3Dモデルを標準化し、ライブラリに格納した
- 新業務プロセス設計：標準構成を利用する業務プロセス・組織体制を定義した。組織面では、モジュラー設計の専任部隊を設立し、モジュールの拡充やメンテナンス、モジュール登録依頼の承認を行えるように変革した
- 業務・システム要件定義：図表4・13の目的別BOMの連携方式を踏襲し、PLM/ERPの構築に必要な業務・システム機能要件を定義した。結果的に新システムを導入したのはコンフィグレーターだけであり、それ以外については、既存システムであるPLMとERPの改造にとどめ、システム改修期間と投資を最小化した

● 先行運用フェーズ

次にプロジェクトチームは、ここまで作成したモジュール情報を用いた先行運用を開始した。先行運用の目的は、効果の早期検証と刈取りだった。

この段階はまだ本格的なシステムの構築前なので、EXCELをカスタマイズした「簡易コンフィグレーター」を開発した。「簡易コンフィグレーター」が生成した手配構成（生産BOM）をマニュアル作業でERPに登録し、生産手配するのである。

容易に想像できるが、EXCELによる運用ではシステムとして安定した運用ができるわけではないので、ユーザーを国内の営業および技術の数人に限定した。新しい目的別BOMをスムーズに連携するためのシステム構築が完了するまでこの状態でトライアル運用し、提案型営業の実践検証を行い、問題を洗い出した。また、モジュラー設計による設計工数削減効果も確認した。この結果については、「9　効果検証」で改めて紹介する。

システムの構築作業は、先行運用と並行で推進した。D社と生産委託先は、従来から製番BOMを軸として設計・生産管理するためのPLMとERPを保有していた。したがって、本プロジェクトにおけるシステム構築の対象は、見積構成、フォーキャスト構成、標準構成の管理と連携、コンフィグレーターの導入と連携であった。

プロジェクトチームは、システム構築完了後、新業務プロセスの全面展開を開始した。

図表4・14 モジュラー設計変革プロジェクトの全体フロー

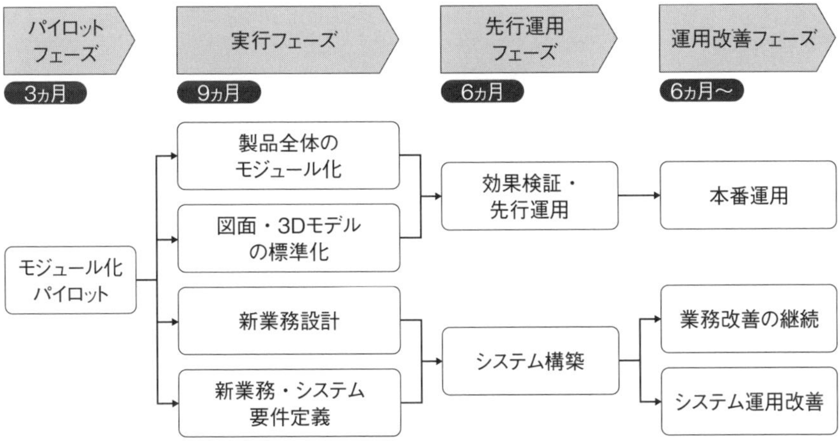

●運用改善フェーズ

　システム構築後、ユーザーの利用範囲を海外現地法人まで段階的に展開した。コンフィグレーターは、Webからダウンロードして利用できるシステムとしたので、ユーザーは、常に最新バージョンのコンフィグレーターやマスターデータを利用できるようになった。また、標準構成は本社のサーバーで集中管理し、モジュール変更の一元化や、セキュリティー強化を行った。

　本プロジェクトの施策は単なるシステム導入ではなく、バリューチェーン上の各部門の業務改革である。とくに営業部門は従来型業務の現行踏襲傾向が強かったので、コンフィグレーターを用いた標準スペックへの誘導営業の意識改革教育を継続的に行う必要があった。

　また、設計部門、生産管理部門や生産委託先もモジュールを最大限に活用するために、運用教育やKPIの監視を継続した。中でも、全体リードタイムやフォーキャストに関連した在庫水準の推移を定期的にモニタリングし、モジュール単位の変更や先行手配の意思決定方式の改善を行った。

> **Column**
> 合宿形式によるプロジェクト立上げワークショップ③
> ## 合宿の効果
>
> 　合宿形式だと、夜に懇親会を実施することも可能だ。ワークショップでは、2日間の限定された時間の中で、複数のテーマ別チームに分かれて自社の本質的な問題を掘り下げ、解決策について議論する。つまり、表面的な内容ではいけないということだ。懇親会の場では、自分の役職や立場を超えた本音で会話し、翌日のワークショップに戻った後、相互に突っ込んだ議論ができるようにすることが大切である。
>
> 　実際の合宿の光景で印象深いのは、懇親会の後もワークショップの部屋に戻って議論を継続する検討チームがあったことだ。そのアウトプットは読者のご想像のとおりである。
>
> 　また、その後うまくプロジェクトが開始できた場合、その合宿に参加したメンバーたちは、プロジェクトのコアメンバーになる。ここでも、盛り上がりをうまく利用して成功につながったケースを、筆者はこれまで何度も目撃することができた。
>
> 　合宿の最後のラップアップでは、参加者に2日間の気付きや懸念事項を表明いただくのであるが、今後発足するプロジェクト活動に対する意気込みが語られることが多い。「やらないといけないと思っていたが、うまく巻き込まれましたね！」というコメントが、筆者にとって印象的であった。

9 効果検証

モジュラー設計の効果のKPIと検証結果について解説する。

　プロジェクトチームは、図表4・14で示した先行運用フェーズにおいて、モジュラー設計の効果検証を行った。KPIは3つ設定された。検証順に説明しよう。

　最初に、先行運用フェーズの3ヵ月間で発生した案件を対象として、案件対応率と設計工数削減率を計測した。このタイミングでは、PLMやERPのシステム構築は未完了だったので、決定表をEXCELでマスター管理し、コンフィグレーターとしては、EXCELの計算式やマクロを用いて開発したいわゆる「簡易コンフィグレーター」を用いて検証した。

　本来であれば、システムの準備が整った後で効果測定する方が、安定した結果が得られやすい。しかし、このようにしたのは、すべての準備が整った後で効果を計測するのではなく、その前に少しでも早くモジュール化の効果を確認し、業務改革方針やシステム構築に可能な限りフィードバックしたかったからである。

● 案件対応率

　モジュラー設計をして図面や仕様を標準化しても、活用できる案件がなければ、そもそも効果は出ない。また活用できる案件がないということは、プロジェクトの仮説が間違っていた可能性もある。この検証では、全案件中、何割の案件でコンフィグレーターやモジュールを活用できるのかを計測した。

　案件対応率の目標は70%であったが、結果は約90%であり（図表4・15の上の指標）、目標を大きく過達していることが確認できた。当初の仮説は正しく、標準仕様の提案型営業により、モジュール受注できる案件は多いことが立証できた。

● 設計工数削減率

設計工数削減率は、モジュラー設計で特注設計をどれくらい抑制できるかのバロメーターになるKPIである。オーダー別に記録された工数実績システムから数値を抜き取り、実際の設計工数を用いて評価した。

プロジェクトチームの目標値は50％（半減）であった。市場から要求される受注から出荷のリードタイムは半減であり、設計プロセスのリードタイムと設計工数を半減させる必要があることから、この目標値が設定されていた。

結果は、図表4・15の下の指標に示すように75％削減であった。プロジェクトチームは、予想以上の結果を見て安堵した。この効果検証当時、モジュール化した製品はただの1つであったが、D社の経営幹部は、この結果から、他の製品カテゴリーにもモジュール化を展開する判断を下した。

● 受注〜出荷までのトータルリードタイム

モジュラー設計の取組みが進行した後、プロジェクトチームは、製造容易性設計（DFM：Design For Manufacturing）による改善に着手した。標準化したモジュールをさらに加工・組立しやすいように設計改良したのである。従来は特注設計が多く、非標準部分が多いことから、コスト削減の取組みに対して積極的ではなかった。しかし、モジュラー設計による標準化が進んだことで、DFMによる効果創出がしやすくなったと考えたのである。さらに、出図納期や生産工程管理強化を実施し、受注から出荷までのトータルリードタイムを短縮することに傾注した。

その結果の推移が図表4・16である。全体の比率では、モジュラー設計によるリードタイム短縮効果が大きいが、それ以外の施策も含め、中間品製造

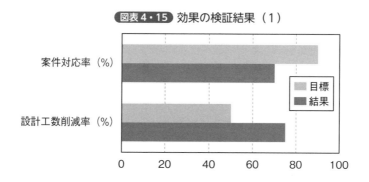

図表4・15　効果の検証結果（1）

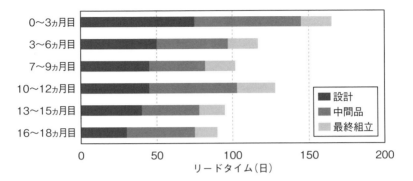

図表4・16 効果の検証結果（2）

や最終組立工程リードタイムの短縮効果も徐々に出てきていることを示している。

● **プロジェクトのその後**

　プロジェクトから発足してから約2年後、プロジェクトチームは解散したが、この取組みは新規に設立された開発プロセス支援部門に継承された。実施内容の一例としては、モジュール化の他製品や他事業への展開、派生して発生した課題対策や業務改善などであり、活動は定常運用として定着し、現在も継続されている。

第5章

図面文化からの脱却

本章のポイント

　本章では、自動車部品メーカーE社における技術情報構造化、開発上流段階の技術情報の共有、技術と生産の連携プロセスの効率化をモチーフとした問題解決パターンを紹介する。

　E社にはベテランの技術者が多く、暗黙知による業務遂行が多かった。しかし、時間の経過とともに、技術・ノウハウの継承を意識した企業レベルのナレッジマネジメントのあり方について、本格検討する時期が到来していた。

　また、海外市場のビジネス拡大に向けて、技術と生産の連携プロセスに起因する問題が発生しており、業務プロセスの再構築を行う必要性に迫られていた。

- E社における技術と生産の連携で発生している具体的な問題点について解説する
- その問題に対する解決策（改革コンセプト）の仮説を紹介する
- 最後に、改革コンセプトを実現するに当たって、プロジェクトチームが実施した工夫や進め方について説明する
- 解説では、本章で登場した目的別BOMの1つであるBOP（工程表）の基礎知識について補足する

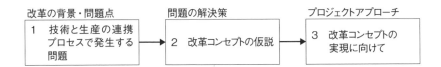

1 技術と生産の連携プロセスで発生する問題

自動車部品メーカーE社がBOM再構築を行う必要があった理由とは？

　E社は、グローバルで製品を生産・販売する自動車部品メーカーである。その特徴は、製品の部品点数は数十点と多くはないが、製造工程は複雑かつ多くのノウハウや管理基準があり、それがコアコンピタンス（競争力の源泉）であることだ。

　しかし、開発プロセスにおいては、検討中の図面、その都度作成した技術文書や管理文書を持ち寄り、設計、生産技術、生産管理、購買など関係者を含めた打合わせを重ねて設計完成度を高めるという、従来から踏襲される属人的な方法が採られてきた。

　また、製品設計や生産技術に関する豊富な知識・経験を持つベテラン社員が多く在籍していたが、ノウハウの多くが暗黙知であり、企業レベルのナレッジマネジメントや技術継承のあり方が経営課題となっていた。

　さらに、当時、海外市場の販売戦略を強化しており、そのための製品バリエーションを増加させていた。しかし、生産計画の読み違いや、技術情報のリリース遅延が、欠品や多くの在庫を発生させる原因となっていた。

　このような環境下で以下の問題が顕在化していた。

●問題1：技術から生産プロセスへの伝達業務でマニュアル作業が多い

　図表5・1は、技術情報を生産プロセスに伝達する流れを示すフローである。技術部門からのアウトプットは、製品用図面や加工用図面、性能、品質要件や管理方法、製造条件を記した各種仕様書などの技術文書であった。生産管理部門は、これらの情報を目視で読み取り、生産用マスター（生産BOMや製造条件マスター）に手作業で入力していた。

　ただし、いったんこれらの情報が完成すると、製造部門に配布する生産指示書（部品番号別の生産個数と納期）や製造管理手順書（部品番号別に設定

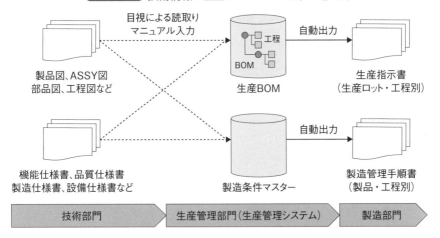

図表5・1 技術情報の生産プロセスへの流れ（従来）

された段取り替えのための製造条件や検査のための品質基準情報を記した資料）を自動的に出力することができた。

問題となるプロセスは、生産BOMや製造条件マスターを目視と手作業で入力するところである。技術部門からリリースされる情報はそれらの入力に最適化されているわけではなく、むしろ技術視点で情報整理されていた。たとえば、熱処理の製造条件は部品番号別に整理されておらず、熱処理設備がキーとして文書化されていた。しかし、製造条件マスターの入力において、これらの情報は、製品や部品番号、工程をキーとして作成する必要があった。生産に必要な情報の抽出とインプットには、熟練とノウハウ、情報変換技術が必要であったということである。

また、これに派生する問題として、ベテランのスキルの継承という問題があった。技術部門と生産管理部門は、長年にわたって実施してきたこのプロセスを、最新のITを活用してノウハウを形式知（ナレッジ）に変換し、効率化を図る方法はないかと模索していた。

さらに、在庫削減のために、設計変更から生産用マスターの更新までのリードタイムの大幅な短縮要求もあり、このプロセスの効率化の重要性が高まっていた。

●問題2：設計変更が図面に依存し、改訂出図の枚数が多い

技術部門は、製品の部品構成を示すために、ASSY図中に品目表を作成

し、構成部品を明示していた。また、E社の製品バリエーションは非常に多く、部品を極力共通化することで部品種類数を削減する戦略を採っていた。そのため、共通部品が変更される場合には、その部品が使用されるすべてのASSY図を改訂する必要があった。

図表5・2は、説明のためのモデルケースである。

- 部品（a,1）は4つのASSYに共通利用されていて、4枚のASSY図の品目表に記載されている
- 共通部品（a,1）を（a,2）にリビジョンアップする際には、品目表変更だけであっても、すべてのASSY図が改版対象となる

この変更の結果、4枚のASSY図を出図し、対象のすべての部門や工場に配布しなければならなかった。これは部品が4つのASSYに共通利用されるケースであるが、実際には数十〜数百のASSYに共通利用されることもあり、共通部品の変更時に、多量の改訂図面の発行と、配布のための負荷を発生させていた。

このプロセスの問題は、品目表が図面に包含されていることに起因する改訂図面の再出図作業と、それを読み取った結果を生産BOMに入力するマニュアル作業が発生することであった。

このような状況の中、技術部門と生産管理部門の企画メンバーは合同でプロジェクトチームを発足させ、プロジェクトの立上げ活動を開始した。

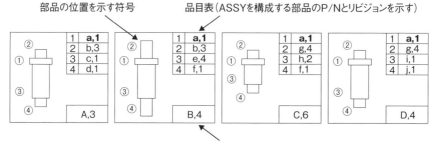

図表5・2 共通部品の変更と改版対象のASSY図面

2 改革コンセプトの仮説

問題を解決する技術情報マスターと生産連携効率化の対策とは？

プロジェクトチームは、この2つの問題の解決策に関する助言を、BOM再構築を専門とするコンサルタントに求めた。それに対して、3つの改革コンセプトの「仮説」が提案された。

●仮説1：技術情報の構造化

最初の仮説は、図表5・3に示す「技術情報の構造化」であった。E社の従来の技術情報体系は各種図面と技術文書であり、ドキュメントの集合体であった。このコンセプト（仮説）は、図面や技術文書を異なる分類のアイテムとして定義し、それらをリレーションで関連付けることで構造的に管理する方式であり、「技術情報マスター」と命名された。

技術情報マスターの管理アイテムの分類とその特徴は、図表5・4に示すとおりである。コンサルタントからは、各アイテムは独立管理されるので、個別に変更できることが言及された。

プロジェクトチームは、各種技術情報をマスター上で共有することで、出図前であっても部門横断のコラボレーション開発が促進できること、暗黙知になりがちであったノウハウやナレッジを形式知化できること、別プロジェクトや海外拠点への製品技術移転を容易化できる可能性を感じることができた。

●仮説2：図面とBOMの分離

第2の仮説は、図面とBOMの分離であった。E社には、品目表だけの変更であっても、関連する図面すべて改訂出図しなければならないという問題があり、この仮説はその解決策に相当する。ただし、この仮説の実現には、技術情報マスターの利用と、以下2点の図面様式のルール改訂が前提であった。

(1) ASSY図面上の品目表は、部品の位置を示すことだけを目的とする

　従来の図面様式では、品目表にリビジョンまで記載されていたために、部品リビジョンアップの都度図面を改訂する必要があった。

　図表5・5に示すように、ASSY図上の品目表にはリビジョン情報を記載せず、図面上で部品の位置を指示するだけを目的とする。位置の指定が不要な場合には、品目表を省略する。

(2) 図面とは別に設計BOMを作成し、ASSY図の添付資料とする

　従来の品目表の代わりに、技術情報マスターの一部としての設計BOM（図表5・4の設計BOMを参照）を作成することとする。設計BOM上ではリビジョン番号まで正確に特定することが可能である。従来のASSY図上の品目表だけを変更するのであれば、設計BOMだけの処理だけで設計変更を完了することができる。たとえば、図表5・5の共通部品（a,1）をリビジョンアップする処理は、Loose Structure（親ASSYから常に最新リビジョンを展開する構成）であるから、部品を（a,1）⇒（a,2）とするだけで設計BOMの変更を完了することができる。従来と比較して、処理を大幅にコンパクト化可能である。

●仮説3：技術情報マスターの生産準備プロセスへの活用

　第3の仮説は、技術情報マスターの生産準備プロセスへの活用であった。プロジェクトチームにとってこれがもっとも期待が高いものであり、そのポイントは以下の2点であった。

(1) 生産BOM作成の効率化

　プロジェクトチームは、技術情報マスターを生産BOMの作成、更新に利用することで、大幅に効率化と精度向上できる可能性があると考えた。

　従来は、技術部門がマニュアルで図面上に品目表を作成し、生産管理部門は図面を見ながら生産BOMを転記作業で作成していた（図表5・1（上）参照）。これは非効率で、二重作業となっており、この点を改善できると考えた。さらに、生産管理部門は加工工程図や技術文書を読み取り、生産BOMに対して工程情報をマニュアル入力していたので、そのプロセスも技術情報マスターから引用し、自動化できる可能性を認識した。最終的に、生産管理部門や購買部門は、ここまでほぼ自動で作成した生産BOMの品目属性に対し、本来の自部門の業務である購買情報や物流情報を付与し、生産BOMを完成するのである。

図表5・3 技術情報の構造化

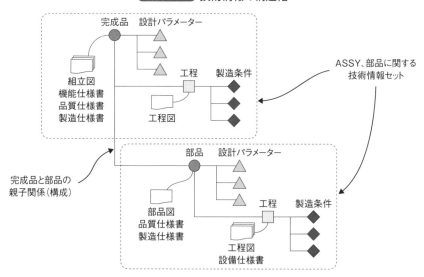

図表5・4 技術情報マスターの管理アイテム

管理アイテム種類	説明
完成品、ASSY、部品	技術情報マスターの中核情報であり、完成品は最終製品、ASSYは組立中間品、部品は単品を示す
設計BOM	完成品、ASSY、部品間に定義された親子関係のリレーションのことで、完成品から全展開すると製品構成を表現する
工程	製造工程を示すもので、完成品、ASSY、部品の配下に関連付けられている。各工程には、製造条件や製造に関する技術文書を関係付けることができる。図では便宜上1工程しか記載していないが、複数工程を定義できる
設計パラメーター	完成品、ASSY、部品に関連付けられる情報で、主に図面に記載されたキー寸法情報や材料などの属性を示す。この情報は、製造管理手順書上の、生産設備に必要な製造条件や検査項目情報に自動的に転送される。図面からの転記となるが、生産管理部門が読み取るよりも、技術部門が入力する方がはるかに時間が短いことから、構造化データとして管理することが妥当だと考えられる
製造条件	工程に関連付けられる情報である。この情報は、製造管理手順書上の生産設備に必要な条件に自動的に転送されることを想定している。現在、技術部門が発行する製造仕様書に記載されているが、技術情報マスターに入力後は、そこへの記載を廃止できる
各種図面	図面は、該当する完成品、ASSY、部品、工程に関連付けて管理する。技術情報マスター上では、図面番号からの検索だけではなく、部品や工程からのBOMを用いた検索、関連する構成部品や技術文章からリレーションをたどって図面を探索することができる
各種技術文書	技術文書は、図面同様に関連する完成品、ASSY、部品、工程にリレーションで関係付けられて管理される。複数の部品に関連する文書の場合には、すべてにリレーションを設定することで関連文書の可視性を改善し、部品変更や文書変更の抜け漏れが発生するリスクを軽減することができる

図表5・5　図面とBOMの分離のコンセプト

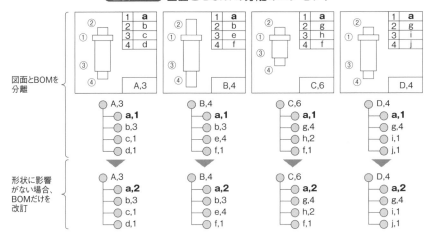

　プロジェクトチームは、この仮説には効率性と精度の両方を向上できる期待効果があると考えた。

(2) 製造管理手順書作成の効率化

　従来は、製造管理手順書を製造部門向けに出力するために、生産管理部門は製造条件マスターを作成していた（図表5・1（下）参照）。この作業では、技術部門から発行される多数の図面や技術文書を読み取り、製造条件マスターに、マニュアルで情報を転記・入力する必要があった。

　これに対して、製造部門が必要な情報をあらかじめ体系化して、技術情報マスターの管理情報に格納しておく。さらに「技術情報・工程マトリクス」とは、技術情報マスターで管理される情報を、部品番号別、工程別に整理して出力するための変換テーブルである。これらの2つのマスター情報を掛け合わせることで、設計パラメーターや製造条件を工程別に振り分け、製造管理手順書として出力するのである（図表5・6参照）。さらに、いったんこのデータベースを完成させれば、技術部門が変更を行った際に、ほぼ即時に製造管理手順書に反映することができるので、変更リードタイムを大幅に短縮できる。

　プロジェクトチームは、技術情報マスターの生産準備プロセスへの活用は、ベテランの知識や経験をデータベース化と、転記や二重作業を削減するといった従来の業務の問題を同時に解決できる可能性があることを認識した。同時にこれらのコンセプト仮説に対する検証の必要性を感じ始めていた。

図表5・6 構造化した技術情報の生産プロセスへの活用

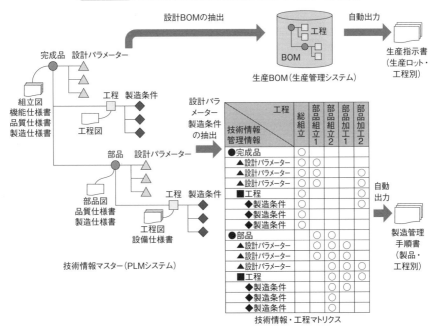

3 改革コンセプトの実現に向けて

コンセプト実現のために、プロジェクトチームが実施した工夫とは？

● 改革コンセプトを検証する

　ここまでの活動で、プロジェクトチームは3つの改革コンセプトの仮説を策定した。しかし、あくまで仮説であり、自社での実現性や効果の検証を行う必要があることを認識していた。そこで、次のステップとして「構想企画フェーズ」の実施と、図表5・7に示す検討体制を経営幹部に提案した。

　プロジェクトチームは、従来にない技術情報構造化のコンセプトを実現することが前提なので、技術部門の設計および生産技術のキーマンをアサインすることと、生産準備プロセスの整流化のために、生産管理部門を参画させることが必須であると考えていた。さらに、その次のステップでは、PLMシステムの導入や生産管理システムとの連携も実施する可能性があるので、情報システム部門もこの段階から参画を要請した。

　経営幹部は、改革コンセプトの仮説の精度を高めることと、定量効果の提示をすることを条件に、「構想企画フェーズ」の実施を承認した。

　「構想企画フェーズ」では、プロジェクトチームは改革コンセプトの仮説の検証に注力した。その中でもとくに、構造化した技術情報のうち、設計パラメーターや製造条件が人の手を介することなく、自動的に製造管理手順書へ転送できるかという点を重点的に検証した。

　検証の結果、完全に自動化できる項目、若干修正すれば転送できる項目、従来どおり技術文書の読取りが必要な項目の判別と、自動化の比率を定量化することができた。

　さらに、次の3点について効果の定量化を進めた結果、これらのプロセスで従来要していた工数を、約半分にできる効果分析結果を確認した。

- 技術情報マスター活用による、生産BOM作成と変更時間の削減
- 技術情報マスター活用による、製造管理条件マスターの作成と変更時間の削減

- 図面とBOMを分離することによる改訂図面枚数と設計変更工数の削減

●本プロジェクトのその後：

本プロジェクトは、図表5・8の手順でシステム構築を完了した。運用当初は、業務改革の割合が大きかったため、開発委託先を含めたユーザー部門への手厚いサポートが必要であったが、次第に業務に慣れ、新業務が浸透していった。

E社の取組みは、設計BOMだけでなく、工程情報（BOP：Bill of Processとも呼ぶ）、設計パラメーターや製造条件、技術文書を統合化、構造化することで、その意義を見つけ出し、図面文化からの脱却に成功した例といえる。

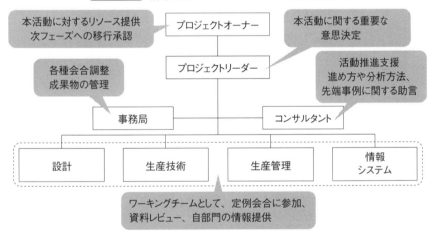

図表5・7 構想企画フェーズの活動体制と役割責任

図表5・8 BOM再構築プロジェクトの進め方

フェーズ名	プロジェクト準備	構想企画	新業務設計	システム構築	運用改善
目的	改革コンセプト仮説の策定	改革コンセプトの仮説検証	改革コンセプト具体化方法の確立	改革コンセプトを実現するためのシステム構築	実運用による効果の確認
主な活動	改革仮説の策定 プロジェクト計画立案 体制構築	目標設定 現状分析 改革コンセプト仮説の検証 効果分析	現状業務分析 新業務設計 システム化計画立案	システム設計 システム開発 テスト	運用モニタリング 問題抽出と改善

解説⑦
目的別BOM（2）

◎BOP（工程表）

BOPとはBill of Processの略で、日本語では工程表と呼ばれる目的別BOMの一形態である。BOP自体は、生産技術部門のアウトプットとして従来から存在するもので、一般的にERPや生産管理システムの工程情報として管理される。

最近は技術情報管理の延長で、PLMシステムで管理される事例が発生している。ねらいとしては、技術（製品設計と生産技術）と生産連携の高度化、グローバルレベルでの生産技術情報の共有や管理強化があげられる。

図表⑦・1は、PLMシステムで管理されるBOPの代表的な2形態を示す。左は、BOM/BOPが統合されているタイプである。PLMシステムを刷新する際に、製品設計部門と生産技術部門の垣根を越え、BOMとBOPを密連携したスタイルである。図の右は、BOMとBOPを別システムとして構築したタイプである。多くの企業がすでに設計BOMを管理するためにPLMシステムを導入していることから、そのシステムを拡張するのではなく、生産技術部門が主体となって（とくにグローバルレベルの）生産技術情報管理強化をねらい、別システムとして導入するタイプである。工程の最終形として部品やASSYが完成した部品番号をキーとすることで、データベースは別であっても、2つのシステム間で連携を実現することができる。

図表⑦・2は、技術と生産連携の高度化を目的としたBOPの活用方法の例

図表⑦・1 BOPの形態（統合型、分離型）

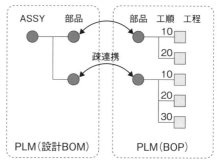

である。PLM上のBOPは、製造工程における管理項目とその基準値を保持している。製造現場で発生する実績情報はMES（生産実行システム）で取得される。これらの情報を統合的に可視化することで、技術が当初設定した計画値と生産現場で取得された実績情報の差をデータで確認し、迅速に対策を打つことができる。すなわち、技術と生産の間でPDCAサイクルを短期化できるというわけである。

図表⑦・2 BOPの管理情報の利用例

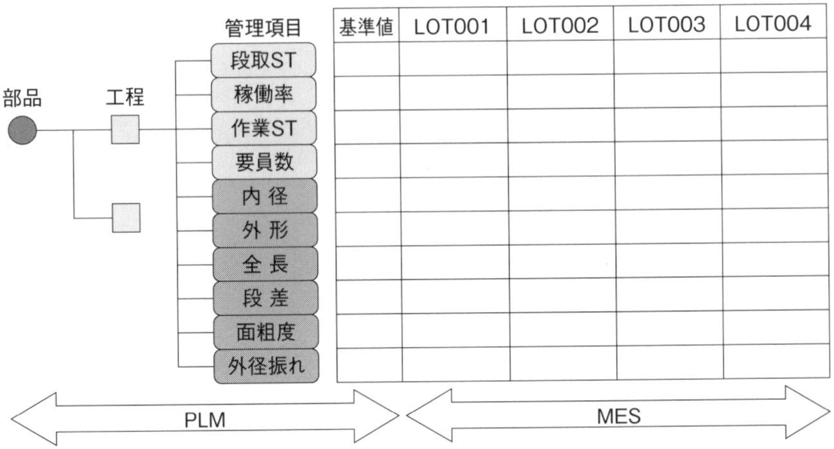

管理項目	基準値	LOT001	LOT002	LOT003	LOT004
段取ST					
稼働率					
作業ST					
要員数					
内径					
外形					
全長					
段差					
面粗度					
外径振れ					

← PLM → ← MES →

第6章

BOM再構築プロジェクトの設計

本章のポイント

ここまでBOM再構築による問題解決パターンについて紹介してきた。本章では、過去の事例を考察した結果として、BOM再構築のプロジェクトの設計方法、プロジェクト遂行におけるポイントや分析ツールについて解説する。読者自身のプロジェクト設計の参考となることをねらいとして、本章は大きく2つのセクションと解説で構成している。

- プロジェクトアプローチでは、BOM再構築プロジェクトの全体フローと、その中でプロジェクトの価値を決定する構想企画フェーズの進め方と報告について紹介する
- 構想企画の構成要素は、大きく分けて7つ存在する。構想企画では、それらをプロジェクトメンバーと共同で検討するわけであるが、そこで重要視すべきポイント(逆にいうと、間違いやすいポイント)について解説する
- また、本編の補足事項として、業務要件、RFP作成方法、課題の抽出方法に関するツールを紹介する

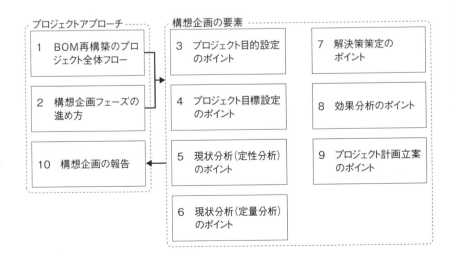

1 BOM再構築の プロジェクト全体フロー

BOM再構築のプロジェクトの全体の流れを確認する。

　前章まで、BOM再構築による複数の問題解決パターンを解説してきた。しかし、問題解決を実践するためには、プロジェクトを立ち上げ、計画を作成し、それにしたがって実行していく必要がある。

　本章では、BOM再構築プロジェクトの設計手法、重要なポイントを整理していく。まずは全体的なプロジェクトフローについて解説する。

　図表6・1は、BOM再構築プロジェクト全体を構成する5つのフェーズ、目的と主要タスク、想定期間、外部のコンサルタントや開発委託先を参画させるタイミングの例である。開発委託先が参画するタイミングは、プロジェクトのタイプにより異なるが、これについても本章で解説する。

　では、各フェーズのポイントを順に確認していこう。

● プロジェクト準備フェーズ

　このフェーズは、その名のとおりプロジェクトを立ち上げる準備を行う。プロジェクト立上げフェーズや、プロジェクト・ビルディングフェーズと呼ばれることもある。

　プロジェクトを立ち上げるきっかけにはさまざまな背景があるだろう。経営幹部からの指示、部門で起案した改革プランの上申の通過、重要顧客からの指示、社内で発生した重要問題の解決の必要性などである。しかし、いずれの場合も、すぐに資金や要員を投入できるわけではない。このプロジェクトで一体何を成し遂げるのか、どの程度の時間・費用がかかるのか、外部のパートナー活用の必要があるのか、最終的にどのような効果・成果を得ることができるのかなどについて整理する必要がある。

　こうしたことをラフな改革方針として整理し、プロジェクトを開始するにあたって必要な体制案、想定される予算を含めて概要計画としてまとめる。そして、上司、プロジェクトを実施するために協力してもらう関係部門、経

営幹部とも整合し、承認を取り付けるのである。このフェーズでは多くの場合、費用はかけられないので、起案者と所属部門が自力で実施することになる。

プロジェクトのスコープ[*1] が広く、複数部門を横断する場合や、自社にない専門知識が必要とされる場合には、構想企画を自社だけで遂行することが難しい。その場合専門コンサルタントに依頼することになるので、発生費用の見積取得やコンサルタントの選定を同時並行で進めておく。

● **構想企画フェーズ**

このフェーズの結果がプロジェクト全体の成否に直結することが多い。なぜなら、このフェーズがプロジェクトの価値を決定するからだ。以降のフェーズでは、このフェーズで定義した内容をより具体化していくので、価値が制約により下回ることはあっても、価値の追加が行われる機会は少ない。このフェーズで、どれだけ価値の高い解決策や施策を定義するかがとても重要である。

本フェーズの手順は次節以降で詳しく解説するが、大切なことは現状分析により対象組織の本質問題を特定し、それを抜本的に解決する改革コンセプト（解決策）を策定することである。改革コンセプトとは、改革や問題解決の考え方を直感的に理解できるようにポイントをまとめたものである。「7

図表6・1 BOM再構築のプロジェクト全体フロー

フェーズ名	プロジェクト準備	構想企画 ▲ コンサルタント参画	要件定義 ▲ 開発委託先参画1	システム構築 ▲ 開発委託先参画2	運用・改善
目的	改革方針を決め、スコープ、体制、概略スケジュールを整合する	経営課題に沿った改革コンセプトを決定し、それによる効果を見極める	改革コンセプトを実行するための業務要件、業務フローを策定するRFPを作成し、SIベンダーを決定する	新業務にそったシステムを構築する	構築したシステムを運用し、定着化、さらなる改善を図る 他拠点へ展開する
主要タスク	改革案ラフ計画 開始体制	現状分析 改革コンセプト策定 効果推定 改革計画立案	現状分析 新業務フロー 業務要件定義 RFP（提案依頼）	システム設計 システム開発 テスト 教育	運用課題・対策 展開計画
想定期間	3〜6ヵ月	3ヵ月	3〜6ヵ月	6ヵ月〜1年	6ヵ月〜1年

解決策策定のポイント」でも解説するが、解決策策定において「ベストプラクティス」を活用することは、プロジェクトの成功確率を高める効果がある。「ベストプラクティス」とは、他社ですでに実施・検証された先進事例のことであり、コンサルタントや他社との交流会などで入手できる可能性がある。

さらに、解決策の実施による期待効果を推定する。定性効果だけでなく、定量効果も算出する。定量効果分析の目的は、問題の大きさを数値化し、投資規模の判断や施策の優先順位を付けることだ。効果分析については「8 効果分析のポイント」で解説する。

最後に、次フェーズ以降の計画を立案し、構想企画書としてまとめ、経営幹部に報告し、本フェーズの終了と次フェーズに進めることに対する承認を得る。

●要件定義フェーズ

要件定義フェーズでは、構想企画フェーズで定義した改革コンセプト（解決策）を、より具体的な要件を記した文書に落とし込む。要件定義には、業務要件、システム機能要件、非機能要件が存在する。要件とは英語で、Requirementである。つまり、要件定義とはその業務プロセスやシステム機能を実装するための不可欠事項である。要件は要求と混同されることが多いが、要求のように「あった方がいい」レベルの内容ではない。

また、要件定義フェーズには、開発委託先が参画する場合としない場合がある。参画するのは、構想企画で方向性が決まると、それに従ってシステム化を進めていけるタイプのプロジェクトである。業務改革色が強く、従来にない新規業務を設計する必要があるタイプのプロジェクトでは、構想企画フェーズのプロジェクトメンバーやそこに参画したコンサルタントが中心となり、検討を継続する場合が多い。

前者のメリットは、システム構築フェーズへのつなぎがスムーズであることである。一方、後者のメリットは、新業務フローと業務要件定義の結果に従って、複数のソリューションやパッケージを比較し、構築費用の適正化を図りながら、自社にとってより最適な開発委託先を選定できることである。いずれにしても、RFP[*2)]を作成し、次フェーズ以降のプロジェクト計画や費用見積を取得することになる。

●システム構築フェーズ

このフェーズでは、要件定義結果をベースとして、システムで実現するための機能設計や画面設計が行われる。ユーザーインターフェースや操作性を決定するフェーズなので、時間をかけてレビューする必要がある。

さらに、システム設計書に基づき、具体的なアプリケーションが開発され、運用を想定したテストが行われる。テストに前後して、ユーザー教育も行われる。既存のデータを新システムに移行することも必要だ。これらの準備の完了後、新システムを用いた運用が開始される。

改革コンセプトに従って要件定義され、それをもとにシステム機能や画面が設計される。さらに、システム設計結果から、アプリケーションが開発される。このフェーズまで来ると、改革コンセプトを具体化するという価値は発生するが、新しい問題解決方法が追加されるわけではない。そこで、構想企画フェーズで問題解決のロジックを組み込んでおくことが重要であると改めて申しあげておく。

●運用・改善フェーズ

このフェーズでは、実際の運用で発生した問題の解決、さらなる改善を行っていく。そのためには、構想企画フェーズで定義した目標値や期待効果の値を利用して、企画時点で想定したとおりの運用が行われているか、効果が得られているかを測定していく。いわゆるPDCAである。

そして、このPDCAサイクルの中で、組織・業務の運用改善やシステムの機能追加を行い、業務プロセスをよりよいものに改善していくのである。プロジェクトが解散した後も、定常運用として改善を支援する受け皿となる組織を設立して、これをサポートしていくことも重要だ。

用語解説

＊1）スコープ：改革やシステム導入の対象となる組織や業務の範囲
＊2）RFP：Request for Proposalの略。提案依頼書のこと。システムベンダーを選択する際に、自社の改革背景や新業務要件をまとめ、問題を解決するためのITソリューションやプロジェクト計画、費用見積を提案してもらうための文書である。

解説⑧ 業務要件定義の手順

ここでは、本編で解説した「業務要件定義」の手順を示す。図表⑧・1は、その5つの手順を示す。

1 現状業務フローの作成

新業務フローを定義するための前提情報として、現状の業務の流れを押さえておく。この業務の流れに沿って、問題と思われる事象のヒアリングをして、関連するプロセスに吹出しなどで追記しておくと、後で分析しやすい。

第1章の図表1・6がアウトプット例なので、参考にしていただきたい。

2 新業務フローの作成

図表⑧・1の二番目の手順がこれに該当する。新業務を作成する際には、構想企画で策定した解決策や改革コンセプトを用いる。

現状にこだわらず、コンサルタントから提供されたベストプラクティスをもとに作成する方法もある。これは、現状自社で実施していない業務や、あるべき姿ベースの業務改革の場合に採用する。

3 プロセス要件定義

新業務フローの中の各ボックスを業務プロセスと呼ぶ。プロセス要件定義では、業務プロセスを分解して具体化する。図表⑧・2は、業務要件の構成要素を示す。図の左側は新業務フローであり、1つ前の手順で作成したものだ。その1つのボックスがプロセスであるが、図の右側のように、インプット、処理、アウトプット、情報システム、制約に分解する。この5つの要素は、IDEF[*1]と同じ考え方である。

4 新業務実現課題の抽出

現状業務フローと新業務フローを比較、プロセス要件の内容を評価し、それらのギャップを把握する。そのギャップは、新業務を実現するために必要な課題、対応策である。課題や対応策があまりに多いと、プロジェクト実現上のリスクが高いとも読み取れる。その場合には、上記の2、3の手順を再

度見直す必要がある。

5　業務要件定義レビュー

1～4でまとめた内容を整理し、関係者全員で確認を完了する。

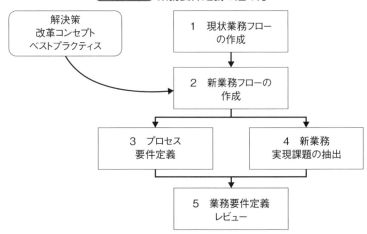

図表⑧・1　業務要件定義の進め方

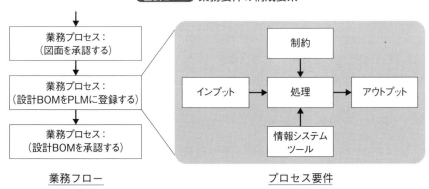

図表⑧・2　業務要件の構成要素

用語解説

＊1）IDEF：Integration DEFinition の略。システム工学の分野において、機能やデータ、ネットワークなどをモデリングするための定義手法。

2 構想企画フェーズの進め方

構想企画フェーズを構成する6つのタスクについて解説する。

● 構想企画フェーズを構成する6つのタスクと手順

　ここでは、BOM再構築の構想企画フェーズの進め方について解説する。図表6・2は構想企画フェーズを構成する6つのタスクと手順を示す。ちなみに、この6タスクはBOM再構築に限ったものではない。プロジェクトのテーマによって内容は違うが、PLMやERPなどの業務システム構築の構想企画の進め方としては共通して利用できる。

(1) 改革プロジェクト目的、目標の設定

　文字どおり、プロジェクトの目的、目標を設定する。目的とは、なぜこのプロジェクトを実施する必要があるのか（WHY）、目標は達成度と時期（WHATとWHEN）を示す。そして、スコープ（改革対象となる組織、業務プロセス）も設定する必要がある。

　ちなみに、実現する方法（HOW）は、構想企画フェーズで策定する解決策やプロジェクト計画を指し、後のタスクで具体化するので、目的、目標には記載しない。

(2) 現状分析（定量分析、定性分析）

　現状業務プロセス・フローを分析し、それに沿って問題と思われる事象を抽出する（定性分析）。そして定量分析により、問題の大きさ（頻度やロスコストなど）を数値で表現する。さらに問題を構造化し、問題の真因を特定する。

(3) 解決策の策定

　前タスクで定義した問題（真因）に対する解決策を策定する。解決策については、他社ですでに同様な問題に対する解決策が実施・検証されていることが多いので、外部からそれらの情報を入手できると効率がよい。

(4) 効果分析

　解決策を実施した場合の期待効果を推定する。定量効果と定性効果の両方

について検討することが望ましい。定量効果は、現状分析で作成した定量分析結果（現状の定量情報）をベースとして推定する。定性効果は、期待される質的な効果のことだ。

なお、今後発生する費用については、協力を得るパートナー（コンサルタントや開発委託先の候補）から概算予算として見積を入手しておくと、今後の予算計画立案や投資対効果の視点で役に立つ。

(5) プロジェクト計画の立案

解決策を実施する手順を検討し、それをスケジュールに落とし込む。達成時期はプロジェクト目標で規定されているので、その時期に達成するためのタスクや期間、必要なリソースが記載されたスケジュール案を作成する。

BOM再構築の場合には、システム開発が必要なので、システムベンダーから提案を入手すると信頼性が高まる。

(6) 構想企画の報告

上記の要点を構想企画書としてまとめ、経営幹部にプレゼンテーションし、プロジェクト実行の意義を訴求する。承認が得られると本フェーズは終了である。

図表6・2　構想企画フェーズの進め方

改革プロジェクト目的、目標の設定	これから作成する企画の前提となる目的を目標レベルを設定する／改善対象とする業務や組織の範囲（スコープ）も設定する
現状分析（定量分析、定性分析）	改善対象の組織、業務の現状を分析し、改善すべき問題とその原因を特定する
解決策の策定	現状分析で特定した問題や原因を解決する手段を具体化する
効果分析	プロジェクトを実行した場合の定性効果、定量効果を推定する
プロジェクト計画の立案	解決策を実行し、最初に設定した目標を達成するための進め方やスケジュール、活動体制を立案する
構想企画の報告	ここまでの内容を企画書としてとりまとめ、経営幹部に上申し、承認を得る

3 プロジェクト目的設定のポイント

プロジェクト目的設定のポイントと例について考察する。

プロジェクトの目的を設定する際には、以下を考慮する必要がある。
- このプロジェクトを実施しなければならない理由、何を解決したいのか、そのために何をするのかを明記すること。WHY、WHATを記述する
- 以下は、実施事項は書かれているが、理由が記載されていないため、改善が必要な例である
  →BOMシステム導入による、開発業務生産性の向上
- 以下は、理由と実施事項が記載されている良い例である。
  →ASEAN拠点での需要増加に対応するための、国内・海外協調設計環境の構築

図表6・3はプロジェクトの目的例である。上部の箇条書きパートには、このプロジェクトで解決したいことと、実施事項が記載されている。下部の表パートには、ここに至った背景が記載されている。

表の上段には、時代とともに、設計に費やせる時間と予算がなくなってきている設計現場の環境変化がつづられている。表中段には、利益が出なくなってきたが、現在保有するリソースを効率的に活用することで、売上を大幅に増大したいという経営幹部の想いが表出されている。表下段には、組織管理や間接業務に時間を取られ、設計本来業務に費やす時間が少なくなっている設計マネージャーの切実な問題が記載されている。

プロジェクトを発足した背景がよくわかる点で非常に良い事例であると評価している。

図表6・3 プロジェクトの背景と目的例

BOM再構築プロジェクトの目的

・近年のアジア地域における需要に対応するために、同じリソースで1.5〜2倍の売上を確保できる設計・生産システムを構築する
・人員構成の高年齢化に対応するために、人に依存した業務や、部門間調整を大幅に削減する

開発部門を取り巻く環境の変化	開発部門を取り巻く環境が大きく変化している。 従来は、いい仕事をするために、時間と予算がかかるのは当たり前だった。 しかし、いま開発部門は、品質の維持、設計スピードの向上、さらなるコストダウンが要求されている。
経営幹部の願い	受注件数は増えているが、利益は低下傾向である。 現状の人員、設備、スペースで1.5〜2倍の案件をこなせるようにしたい。 「品質」「性能」「価格」「納期」面で差別化を図り、顧客サービスを向上したい。
設計現場の実態	経験に依存した設計業務、特定の人間への過剰負荷が発生している。 雑務に追われて、本業が時間不足になり、計画と進捗のかい離が大きくなっている。 部門内のコミュニケーション不足し、管理者が進捗状況を把握できない。部門間調整に多大な時間を要する。

4 プロジェクト目標設定のポイント

プロジェクト目標設定において、記載が必要な事項とは？

目標は、プロジェクトの具体的な達成レベル（時期、定量値）のことであり、何を（WHAT）、どれくらい（HOW MANY/MUCH）、いつまでに（WHEN）実現するのかが記載されていることが要件である。よって、目標とはプロジェクトが最終的に目指すマイルストーン（時期）とKPIであり、目的をより具体化したものであるといえる。この要件に従うと、以下のような目標例を記述することができる。

- 2019年3月までに、国内すべての拠点で新設計環境を利用する。設計人員は20％削減とする
- 2020年3月までに、国内・海外すべての拠点で新設計環境を利用する。設計人員は全世界で20％削減とする

いくつかの例で、目標に対する要件の記載有無を検証してみよう。

● 事例1

再構築したBOMをプラットフォームとして開発生産プロセスを強化し、QCDと製品競争力の向上により、顧客満足度向上を実現する。最終的には、以下のことを実現する。

- 顧客満足度の向上を実現する
- 開発・設計技術を改善・高度化する
- 国内および海外のグループ会社において、2020年3月までに顧客〜販売〜製造〜業者まで含めた統合システムの構築と、ユーザー教育を完了する
- 生産技術力を向上し、受注〜出荷までの期間30％、コストダウン30％、市場クレーム50％削減を実現する

〈考察〉
- WHAT：○

- HOW MANY／MUCH：○
- WHEN：○
- 目標数値の根拠が少なく、ややスローガン的であるが、目標要件は満たしている

●事例2

- 設計リードタイム 50％削減
  - → 製品開発・システム対応力強化
  - → 設計品質向上
- フォーキャスト情報の精度向上
  - → 製造LTの短縮（欠品ゼロ生産の実現）
  - → 資材費／労務費の低減

〈考察〉

- WHAT：○
- HOW MANY／MUCH：△
- WHEN：×
- 定量目標が一番目についてしか定義されていない。二番目は定性目標である
- 達成時期が記載されていない（実際には、緊急度の高いプロジェクトであり、暗黙的に共有されていた）

読者はどのように考察しただろうか？　また、読者自身の企画書に記載した目標はどのようになっているだろうか？　過去に記述したプロジェクト目標を改めて振り返ってみることをお勧めする。

5 現状分析（定性分析）のポイント

現状分析（定性分析）のポイントを例に沿って解説する。

現状分析には定性分析と定量分析があるが、ここでは定性分析について解説する。定性分析とは、Qualitative Analysisと訳され、プロセスの品質を捉えることで事象を評価する分析手法である。定性分析の目的は、現状の業務プロセスにおける問題の体系化と、問題を発生させる真の原因（以下、真因）の特定である。

● 定性分析の手順

定性分析は以下の手順で実施する。

(1) ヒアリング対象者の選定

組織・業務スコープから対象部門と対象者を選定する。対象者は、その組織の業務に精通している人が望ましい。管理職と実務担当者の両方を選抜する。経営幹部にも、経営方針や事業課題についてヒアリングする。

(2) ヒアリングスケジュールの調整

ヒアリングの方式を以下から選択し、スケジュールを調整する。

- 現状業務フローをその場で作成しながら、問題点をヒアリングする。1部門のヒアリングが長時間になることがあるが、現状業務フローは後の新業務フロー定義に活用できるという利点がある
- ISOなどで規定された既存の業務フローや業務手順書を参照しながらヒアリングする。1部門のヒアリングには2時間程度を確保する。ヒアリング対象者が多い場合や、大雑把に組織全体の問題をつかみたい場合にこの方式を用いる

(3) ヒアリングの実施

スケジュールにしたがってヒアリングを実施し、発言中から問題と思われる事象を抽出し、文字情報にする。この段階では、ローデータ（実際の発言そのもの）でよい。

(4) 問題と思われる事象の整理

問題と思われる事象の中から類似の事象を1つにまとめて、問題表現に変えるなどの体裁を整えて、問題点として定義し直す。さらに、それらをツリー状に体系化し、関連のある問題点をグルーピングする。

(5) 問題構造図の作成

図表6・4は、BOM再構築における問題構造図の例である。結果系問題を左側に、原因系問題を右側になるように並べ替え、問題点同士の因果関係を整理し、問題構造を理解しやすくしている。さらに、原因系の問題をグルーピングし、組織全体の問題の真因を特定している。

この分析から、以下の3つの大きい真因があることがわかる。

① 紙・人間系の情報伝達が、タイムラグや伝達ミスを発生させている
② 過去の設計資産を流用する開発環境が整備されていないことが原因で設計工数が増大し、出図や出荷遅延を発生させている
③ 見積プロセスの標準化や、データベースが活用されていないことで見積精度が低下し、収益性が悪いプロジェクトを発生させている

図表6・4 問題構造図の例

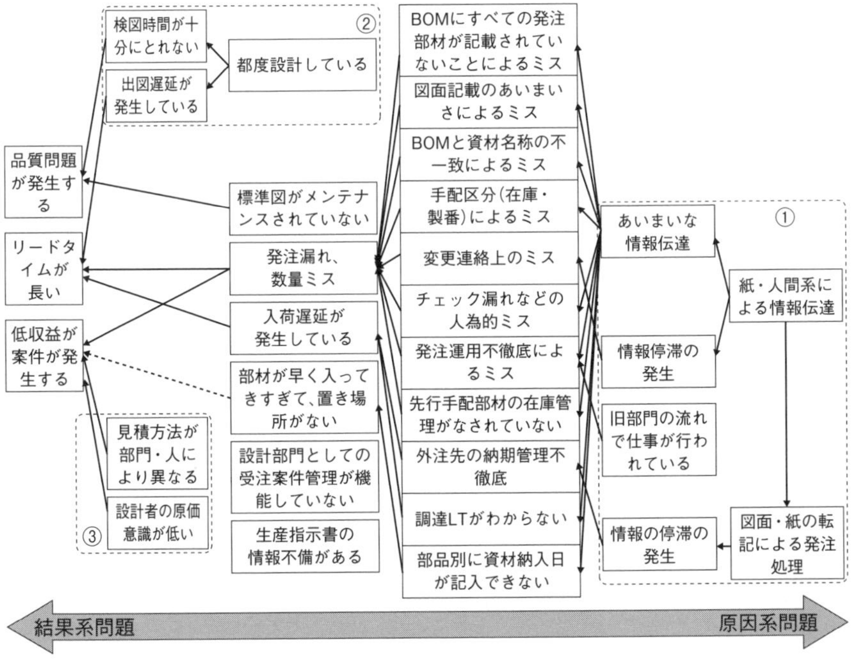

6 現状分析（定量分析）のポイント

現状分析（定量分析）のポイントを例に沿って解説する。

●定量分析の手順とポイント

ここでは定量分析の手順とポイントについて解説する。定量分析は、英語ではQuantitative Analysisであり、プロセスや問題を数値化して考察を行う分析手法である。定量分析の目的は、以下の2点に集約できる。

・問題の規模の大きさを特定する

ヒアリングでは、発言から定性的な問題事象を抽出することはできる。しかし、それだけでは、問題の発生頻度や、問題が引き起こす具体的な損失の大きさを把握することはできない。定量分析は、業務プロセスが発生する数値情報を収集し、問題の規模を評価し、プロジェクトで重点的に対策する問題を絞り込むことができる。

・定量効果推定のベースラインを測定する

問題に起因する損失を定量化することで、対策を実施した場合の効果を定量的に説明することができる。たとえば、デザインレビューをすり抜けた問題による損失が年間1000万円発生していたことが、定量分析で判明したとする。それに対して、デザインレビューの強化を図ることで50%損失を削減できるとすると、その効果は年間500万円と推定することができるといった考え方ができる。

定量分析は、さまざまな定量指標を対象にすることができる。たとえば、業務分類別に発生している業務工数（換算すると業務コスト）、前述した不具合による年間の損失金額、顧客からのクレーム件数、設計変更の件数、在庫金額や回転率、デッドストックの金額などだ。

ここでは、定量分析の例として、業務効率化による工数削減をねらいとした場合の、業務分類別の業務工数を調査・分析するための手順とそのポイントを示す。

(1) 調査の目的や対象を整合する

調査目的は、業務効率化のための現状業務分類別の業務工数の数値化である。調査対象は、設計、生産技術、調達、生産管理、製造の年間に発生する業務工数（コスト）とする。

(2) 既存のデータで該当するものはないかを確認する

定量情報の中にはすでに別の目的で収集されている場合がある。業務分類別の工数も実績収集システムで取られていることが多いので、該当のものが存在するのであれば活用する。ただし、業務分類がプロジェクトで知りたい業務分類と異なる場合には、新規に情報を収集する判断も必要だ。

(3) 目的と対象に合わせた調査計画を立案する

調査の依頼、回答の回収、分析、報告の大まかな予定期限と各タスクの担当者をアサインし、調査計画としてまとめ、関係者と整合する。

(4) 新規に調査する場合、調査票を作成する

該当するものが存在しない場合には、調査票を作成して、情報収集する準備を行う。図表6・5は個人別の工数分類に関する工数比率の実態調査アンケートの例である（この図では、調査後のイメージが理解しやすいように数値が記入済のものを例示した）。

(5) 調査票の配布先と回収（提出）納期を合意する

調査対象部門の代表者と、調査票の配布先（部門の代表者または全員）、

図表6・5　調査票の例（業務比率アンケート）

業務比率アンケート
昨年1年間平均の業務比率をご回答ください。

部門＿＿＿＿＿＿＿＿＿＿＿＿＿＿＿＿　氏名＿＿＿＿＿＿＿＿＿＿＿＿＿＿＿＿

業務分類	業務比率(%)
CAD・図面化作業	20
計画・設計検討	10
情報理解	5
ドキュメント作成	5
実験・評価	20
メールなど連絡・報告	10
資料探索	5
出図	5
打合わせ・会議	10
事務処理	5
転記作業	0
その他	5
合計	100

回答納期、回収スケジュールについて最終的な合意を行う。

また、回答収集方式として、紙のアンケート形式、EXCELファイルのメールでの配布、アンケートWEBシステムの活用などの方法があるので、かけられる費用と、配布対象人数を考慮して方式を決定する。

(6) 回収した結果を集計・分析する

収集した情報を業務分類別、部門別、役職別などさまざまな視点で分析して、部門別の傾向、役職別の傾向など、結論を導く。ベンチマークデータがあると、自社の強み・弱みを発見できることがある。

図表6・6は定量分析結果の例である。左側は分析対象企業の業務比率の集計結果であり、右側はリサーチ会社を活用して収集した同業種のベンチマーク平均値である。この結果から、対象企業の特徴を以下のように見出すことができた。

- CAD／CAEを実施する時間比率が同業種平均と比べて高い（都度設計が多く、技術情報資産の活用度が低い）
- 出図業務の比率が高い（電子ワークフローやBOMの活用がうまくできていない）
- 実験・評価の比率が低い（実験・評価に十分な時間を取れていない）
- 会議の比率が低い（打合わせ時間が不足していて、部門間整合が不十分な可能性がある）

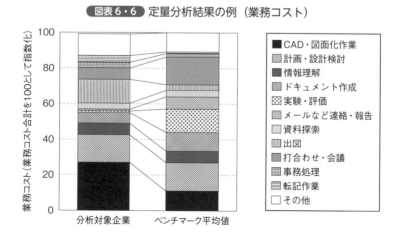

図表6・6 定量分析結果の例（業務コスト）

Column

ファシリテーションの技術

　ファシリテーションとは、会議やプロジェクトにおいて、参加者の合意形成を促進することである。

　プロジェクト会議は、通常単発ではなく、複数回に及ぶ会議を積み重ねて最終的な結論を導く。したがって、各会議での合意形成が完了できないと、予定期間内に最終ゴールまでたどりつけない。そこで、各会議を時間どおりに運営し、各タイミングにおける合意形成やアウトプットを出すことが必須となる。

　ここでは、会議運営を円滑に行うためのファシリテーション技術のポイントを示す。

○プロジェクト全体の中の位置付けを毎回冒頭で示す

　プロジェクトの目的や最終的なゴールがぶれないように、あえて毎回リマインドする。当たり前のことのようでも、内容の複雑化に伴って大きい目的や最終ゴールを見失いがちになる。また、会議中の議論も横道にそれやすくなる。それを防止するために、会議の時間を多少消費してでもこれを行う。

○本日のアジェンダ（議題）と時間配分を示す

　本日の検討内容を俯瞰することで、全員に目的や論点に集中する意識を持たせ、時間配分、議論の深掘り度合いのイメージを合わせる。これが整合されていないと、複数のアジェンダのうちの1つの議論だけに時間を要してしまい、1つも完了することができなかったという事態が発生する。これを避けることが狙いである。

○時間を確認しながら、各アジェンダを遂行する

　議論や質疑中は、議論が活発化しすぎて発散や紛糾することがある。ファシリテーターは、議論が脱線した場合には本線に戻るように、本来の論点を示して修正する必要がある。また、より時間が必要であれば、関係者を限定した個別会議を開くなどを判断する。

　質問が少なすぎる場合には、発言を躊躇している人を見つけ、指名して発言してもらう。声の大きい人の発言だけではなく、参加者全員に目を配り、全員が発言できるように仕向けていくことが、ファシリテーションでは大切である。

○決定事項、アクションアイテムについて、全員の合意を確認する

　決定事項が不明瞭、または全員が納得していないという話をよく聞く。こうしたことを避けるために、決定事項を明文化することが大切だ。

　ファシリテーターは、会議の最後に、決定事項と次回までのアクションアイテムを記載した資料をスクリーンに投影する。そして、全員が合意していることを確認して、終了の合図をする。

　当日出たアクションアイテムについては、ファシリテーターは担当者と共に、次の会議までフォローする。この活動が、次回の会議を円滑化することにつながるからだ。

　以上が、ファシリテーターが持つべきファシリテーション技術のポイントである。単なる会議時間内の進行テクニックだけでなく、決定事項や次の会議に向けてのアクションアイテムの通知、そのフォローも技術のうちなのである。

7 解決策策定のポイント

解決策策定の場面では「ベストプラクティス」を活用するとよいが、そのポイントは？

●ベストプラクティス活用のメリット

現状分析で真因が特定できたら、それに対する解決策を策定するのであるが、次のことに留意すべきである。

自社で発生している問題は、すでに他社でも発生し、解決済または解決中であることが多い。そこでいちから解決策を考案するのではなく、可能であれば検証済の「ベストプラクティス（先進事例）」をシステムベンダーやコンサルティング会社などから入手する。そうすることで、考案するまでの時間が短くなり、導入が成功する確率が高い。

「ベストプラクティス」とはどのようなものかを理解するために、設計BOMを中核とした技術情報統合管理のコンセプト例を図表6・7に示した。

この「ベストプラクティス」例には、以下のポイントが含まれる。

(1) 設計BOMに関係付けた技術情報

技術情報（3Dモデルや図面・部品表・実験結果、見積書、DR実施結果、環境情報、コスト情報など）を統合的に管理する。これにより、部品に関係して複数部門が作成した文書を従来よりも短時間で正確に入手できるようにする。

(2) 開発上流ドキュメントの管理

製品開発プロジェクトや受注案件のアウトプットも、統合管理する。これにより、営業部門が管理している提案書など、部門別の情報も共有することができる。機密性が高い情報については、アクセス権を設定する。

(3) 市場問題や再発防止策の管理

技術情報だけでなく、市場不具合情報や再発防止策の情報も統合的に管理する。市場不具合情報は、品質保証部門が管理しているが、再発防止策は技術部門が策定して管理している。このコンセプトは、不具合情報を統合管理し、再発防止策の背景情報として関係付けて参照できるようにするところか

らきている。結果として、同じ市場不具合を再発させない取組みを実現するというねらいである。

(4) 電子ワークフローによる情報伝達

電子ワークフローを活用することで、情報配信や承認リードタイムを短縮する。また、紙・人間系に依存した情報伝達ではできなかった海外拠点を含めた横断承認プロセスや、停滞の可視化も実現する。

(5) 技術情報の再利用の促進

技術情報の再利用が促進されない原因として、過去の技術情報が部門や個人別に保管されていて、授受や公開に関する運用が標準化されていないことが多い。そこで、技術情報の管理体系を標準化し、文書名や格納場所、アクセス権、文書テンプレートを標準化する。

(6) 設計BOMと生産BOMの連携

設計BOMを電子的にERPの生産BOMに連携し、出図や設計変更のリードタイムを短縮する。また、ERPの生産BOMから設計BOMに対して、最新の見積価格や実績コストをフィードバックする。これらの情報を用いて、開発部門や見積部門は見積作業や原価企画業務を行う。

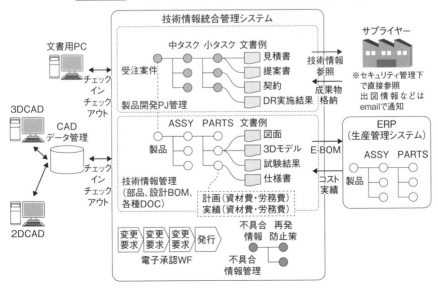

図表6・7 ベストプラクティス（技術情報統合管理）の例

8 効果分析のポイント

定性効果、定量効果の分析方法及びそのポイントについて解説する。

● 定性効果

定性効果を抽出するポイントは以下のとおりである。

- 定性効果は、解決策や改革コンセプトをユーザーとレビューする際に、指摘事項だけではなく、そのメリットや賛成意見を同時にヒアリングしておき、そこから抽出する
- 間接的に発生する売上の増大、ブランド価値の向上、顧客のCS向上などは定量化が難しいので、質的な効果として確実に期待できる場合は、定性効果として取り上げる

図表6・8は、第4章で説明したモジュラー設計導入による改革コンセプト（図表4・4）に対して、ユーザーレビュー（検証）を行った結果である。筆者は、ユーザーレビューした結果を「賛成意見・効果」「消極意見・懸念事項」「論点・意思決定事項」の3つの観点で整理することにしている。ちなみに、この図は「論点攻防図」と呼ばれる。「論点攻防図」については「解説⑨　論点攻防図の作成手順と活用のポイント」で補足する。

定性効果は、この図の「賛成意見・効果」から抽出する。企画サイドがもともと想定していなかったユーザー視点の意外な効果がここから発見できることがある。

● 定量効果

定量効果を分析するポイントは以下である。

- 定量効果で取り扱う指標は、業務工数、資材コスト、在庫回転数、設計変更件数、欠品件数、クレーム件数、損失コスト出荷遅延件数など、プロセス品質を数値化できるものである
- 売上増大などの間接的な指標は推定が難しいので、実際に定量効果として使われることは少ない

- 現状分析（定量分析）で収集した数値データを利用して、改善効果を推定する
- 改善率は、推定値の納得感が高くなるように、ユーザー代表であるワーキングメンバー自身が推定するようにする（企画サイド、推進事務局情報システム部門が推定しないようにする）
- 推定精度を高くするために、極力プロセスを細分化して、評価する（手順1を参照）
- 業務効率化による人員削減が見込まれる場合には、翌年度以降の組織要員計画に盛り込むように、事業ライン長のコミットメントをもらうことも効果的である

では、定量効果を推定する手順を解説しよう。

（手順1）業務分類別の改善率（工数削減率）を推定する

ここでは、「出図業務」を電子ワークフローの導入により改善した場合の、定量効果の推定を行う場面を想定する。その場合、まず「出図業務」を図表6・9のようにサブ業務に細分化する。細分化した方が数値精度を高くすることができるし、推定も容易になるからだ。そして、サブ業務に対する現状の平均的な工数情報を収集し、図表6・9の「A）現状比率」の欄に記入する。

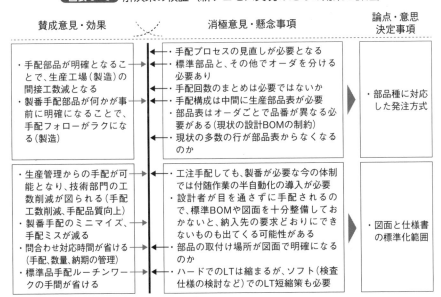

図表6・8　解決策の検証（新プロセス実現のための効果と課題）

ここでは、改善施策内容から、「出図業務」の自動化により工数がゼロにできるプロセスを③〜⑥とした。また、①のプロセスは電子化効果で半減とした。すると、改善後の業務比率であるB列の合計は45％となる。現状のA列の業務比率合計は100％であることから、電子ワークフロー導入による「出図」の工数削減率は55％と推定できる。当然、施策内容により効果は変動するので、ご留意いただきたい。

この手順を他の業務プロセスにも適用し、図表6・10を完成する。

（手順2）業務分類に対して、効果が得られるステップを記入する

このBOM再構築プロジェクトは2ステップで実行し、ステップ1を設計BOM、ステップ2を生産BOMの導入と仮定した。よって、設計BOMに関係する業務分類はステップ1、生産BOMに関係するものにはステップ2で効果を獲得することができる。

すると、各ステップの施策で改善できる業務プロセスが決まる。たとえば、図表6・10中の「CAD・図面化作業」や「出図」は設計BOMに関係するのでステップ1、調達の「手配」や生産技術の「工程計画作成作業」は生産BOMに関係するのでステップ2で効果獲得といった具合いである。

その結果を図表6・10のステップ欄に追記して、効果分析結果を完成する。

（手順3）業務コストの推移をグラフ化する

図表6・11は、定量効果の分析結果をもとに、業務分類別の業務コストがステップごとに低減する推移をグラフ化したものである（ここでは書面に掲

図表6・9 出図プロセスの定量分析結果と期待効果

サブ業務	担当	A)現状比率(％)	B)改善後の比率(％)	改善効果 A-B(％)
①出図依頼する	設計者	10	5	5
②検図する	設計マネージャー	40	40	0
③承認印を図面に押印する	設計マネージャー	5	0	5
④承認済図面を必要部数コピーする	図面管理	10	0	10
⑤コピーした図面を配布先部門に送付する	図面管理	5	0	5
⑥受領した図面を、自部門のキャビネットに格納する	受領部門	10	0	30

載するため、便宜上指数化しているが、実際のプロジェクトでは、金額や工数で表現する方が理解しやすい)。

図表6・10 定量効果分析の結果

グループ	業務プロセス	ステップ	コメント
開発	CAD・図面化作業	1	流用設計促進により30%削減
開発	手配書作成	1	自動処理化により20%削減
開発	出図	1	図面管理で自動出図になるため55%削減
開発	文書・仕様書作成	1	流用設計促進により30%削減
開発	資料・類似案件検索	1	検索性向上により、20%削減
開発	その他(見積)	2	BOMの原価管理機能により50%削減
技術管理	出図	1	図面管理で自動出図になるため55%削減
技術管理	情報収集	1	検索性向上により、50%削減
調達	手配	2	調達BOMによる手配業務効率化で、50%削減
原価企画	原価集計作業	2	BOMの原価集計機能により50%削減
生産技術	工程計画作成作業	2	生産BOM作成半自動化により20%削減
製造	部品収集	2	生産BOMの工程別部品リストにより、ピッキング作業を外注化し、30%削減
調達	図面・BOM読取	2	調達BOMで自動入力するため、100%削減
調達	発注処理(生産管理システム(ERP)登録)	2	調達BOMを用いた自動発注により30%削減
調達	資料探し	2	検索性向上により、30%削減

図表6・11 定量効果分析の例

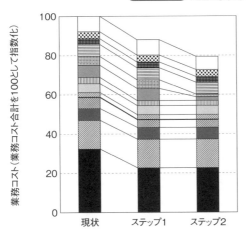

解説⑨

論点攻防図の作成手順と活用のポイント

　論点攻防図は、フォース・フィールド・ダイアグラムとも呼ばれ、あるテーマに対して会議中で複雑に飛び交う論点を整理し、意思決定事項やテーマ実現のための課題を特定するツールである。本章で紹介した定性効果の抽出、解決策実現のための課題特定などでも利用可能な実践的かつ有用な価値の高いツールである。

　それでは、その作成手順と活用のポイントについて確認していこう。

1　ワークシートの作成とワークショップ開催の準備

　図表⑨・1は、論点攻防図を作成するためのワークシートである。ワークショップの参加者は、改革テーマの説明を受けた後、自部門の視点で改革テーマを実施するに当たっての賛成意見や否定・懸念事項をこのシートに記入し、発言する。

　よって、改革テーマの数の分だけこのワークシートは作成される。ワークショップへの参加人数分、印刷が必要だ。

　そして部門代表と相談し、改革テーマを議論するための適切な参加者をアサインする。さらにワークショップ開催日に参加できるようにスケジュールも調整する。

2　ワークショップの実施

　ワークショップは通常1日または2日間かけて、図表⑨・2の手順で進める。

　ブレーンストーミングと同様、人の意見を否定しないことがあげられるが、ワークショップのルールでとくに大切なのは、賛成意見と否定意見をバランスよく抽出することである。

3　論点の整理

　参加者が記入したワークシートの内容を整理して論点を導く。論点とは、文字どおり議論すべきポイントであり、プロジェクトとしての方向を意思決定する事項のことである。解決策やベストプラクティスによりすべて改善されるのであれば、そのまま解決策を導入すればよい。しかし、実際のプロ

ジェクトではすべてが改善されず、何らかのトレードオフが発生することが多い。

たとえば、製品をモジュール化（標準化）して受注設計工数を低減するという改革テーマを考えてみる。標準化により設計工数が低減できる代わりに、特注設計が発生した場合には制約が強くなり、顧客の要求に対応しきれないことがある。それがトレードオフである。この場合標準化範囲が論点であり、意思決定が必要な項目である。図表6・8の再確認をお願いする。

参考文献：籠屋邦夫（2000）『選択と集中の意思決定』、東洋経済新報社

図表⑨・1 改革テーマに対するディスカッション・ワークシート

改革テーマ：①モジュール化による手配方式の変革	
部門名：＿＿＿＿＿＿＿＿＿　氏名：＿＿＿＿＿＿＿＿＿	
賛成意見	否定意見・懸念事項
・ ・ ・ ・ ・	・ ・ ・ ・ ・

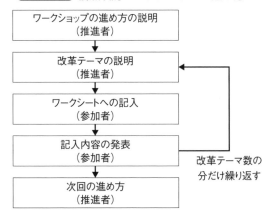

図表⑨・2 論点攻防ワークショップの進め方

9 プロジェクト計画立案のポイント

> プロジェクト計画ではタスク順序、スケジュールと体制を検討する。

　プロジェクト計画はロードマップとも呼ばれる。要件定義フェーズ以降、プロジェクトのタイプにより開発委託先が参画し、体制が拡大する可能性がある。したがって、構想企画フェーズの最終タスクとしてのプロジェクト計画立案では、要件定義フェーズとシステム構築フェーズを乗り切るだけのスケジュールと活動体制について検討が必要だ。以下に重要なポイントを述べる。

● スケジュール

　スケジュールは、開発委託先から工程計画を提案してもらい、それを参考にして作成する。自社の戦略に合わせてマイルストーンを設定することは重要であるが、システム開発のタスクについては、開発委託先（社内の情報システム部門や情報システム子会社、外部のシステムベンダー）からの提案を入手し、プロジェクト計画中にインプットすべきだ。

　要件定義がなされていない段階では、精度の高いスケジュールを入手することは難しい。しかし、ここまで作成した資料（プロジェクトの目的、現状分析、解決策）を開発委託先に見せて、事例ベースの参考スケジュールでもいいので入手を図るとよい。

　自社の都合に合わせた強制的な短納期スケジュールは、要件検討やテストなどで十分な時間や工数を確保することができず、後工程になってから問題を発生させるリスクがある。構想企画の段階で委託先はまだ決定していないことが多いと思われるが、プロのアドバイスを軽視せず、親身になって相談できるパートナーを探して情報交換できるようになることが重要である。

　図表6・12は、プロジェクトスケジュール（大日程計画）の例である。この例で、プロジェクトチームが行った意思決定のポイントは以下のとおりである。

図表6・12 プロジェクトスケジュール（大日程計画）の例

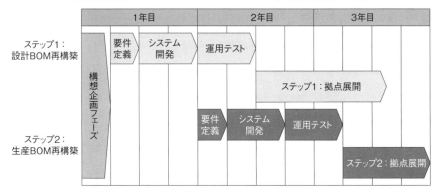

- プロジェクトを大きく、設計BOM再構築、生産BOM再構築の2ステップに分ける
- 構想企画は最初の1回だけで、ステップごとに要件定義～システム開発～テスト～拠点展開を繰り返す

● 活動体制

活動体制は、結果的に業務改革できるスピードと範囲を決める（制約する）ことになるので、プロジェクトの目的や改革のスコープに合わせて、経営幹部や事業ライン長、部門長を巻き込んでおくことが重要である。適切な活動体制が構築されていないと、それが原因でプロジェクトの目的が達成できないこともある。

また、開発委託先の参画が必要な場合には、体制上に追加する。

活動体制のポイントについては終章の「4　意思決定を迅速にする実行体制」でも詳細に解説したので、そちらを参照願いたい。

10 構想企画の報告

構想企画の報告、および開発委託先選定のポイントとは？

　ここまでのタスクが実施できていれば、構想企画書のまとめはさほど難しくはない。ここまでの検討結果から重要ポイントを抜粋し、経営幹部向けに再整理するだけである。構想企画書の目次例を図表6・13に示す。当然だが、プロジェクトにより解決策やテーマは変動する。

　構想企画報告での必須事項として、以下が組み込まれるべきであろう。

- なぜこのプロジェクトが必要なのか、プロジェクト達成水準や時期が、プロジェクトの目的・目標に記載されていて、納得感があること
- 現状分析が客観的に行われていて、対象組織の問題の真因が特定できていること
- 問題の定量化がなされており、発生頻度や損失額が大きい問題にフォーカスできていること
- 真因を対策するための解決策が提案されており、実現するための課題や対応策が策定されていること
- 効果推定が客観的になされており、投資回収見込みが高いこと
- プロジェクトの課題やリスクが明確であり、明文化されていること
- 以後の計画のスケジュールや予算、体制の見通しが立っていること

　要件定義フェーズ以降、開発委託先の支援を受ける場合には、その選定を行う必要がある。選定の際に必要な文書のことをRFP（提案依頼書）という。開発委託先の選定がプロジェクトの成否に大きい影響を与えることは間違いない。よって、選定のためのRFP作成は、プロジェクトのキーとなるタスクであるといえる。

　構想企画の完了段階でRFP作成が必須であるわけではないが、コンサルティング会社や開発委託先の選定や費用見積が必要な場面では、RFPを作成するスキルが必要である。RFP作成方法については、「解説⑩：RFP（提

図表6・13 構想企画書の目次例

BOM再構築構想企画書
- プロジェクトの目的、目標
- 現状分析結果
    - 定性分析
    - 定量分析
- 解決策
    - テーマ1）　BOMによる情報伝達の効率化
    - テーマ2）　技術資産の再利用性の向上
    - テーマ3）　見積・原価企画プロセスの標準化
- 期待効果
    - 定性効果
    - 定量効果
- プロジェクト課題・リスク一覧
- 投資回収計画
- 要件定義フェーズ、システム開発フェーズの計画

案依頼書）作成のポイント」でも補足するので、別途確認いただきたい。

また、組織横断プロジェクトでは、合意形成や意思決定に時間を要することはよくある。現状分析や解決策の合意などのタスクでは、プロジェクトに参画する人数が多いこともあり、時間がかかるのは当然である。

開発委託先との契約に当たっては、会社としての業種における実績や評判だけでなく、プロジェクト責任者やリーダーが納得感が得られるまで一緒に議論してもらえるかどうかなど、個人の人柄や経験も考慮して決めていく必要があるだろう。

解説⑩
RFP（提案依頼書）作成のポイント

　プロジェクトを推進する上で、パートナー選定は非常に重要である。プロジェクトの方向性や成否に直結するからだ。パートナー選定時には、RFP（提案依頼書）の作成が必須である。ここでは、RFP作成のポイントと目次例を解説する。

　まず、RFPの目次例を見ながら確認していこう。図表⑩・1をご覧いただきたい。RFPは大きく2部で構成される。

　第1部は、プロジェクトの概要である。自社がやりたいことをまとめたものであり、RFPを回答する提案者にとっては与件である。ここには、通常、プロジェクトの目的や自社が解決したい問題点、業務要件などが記載される。構想企画書の解決策やテーマの内容（図表6・13参照）をそのまま転記してもよい。さらに、提案書提出やプレゼンテーションのスケジュール、採否決定に関する日程、質問窓口などに関する情報も合わせて提供される。

　第2部は、RFPの本編である提案依頼事項である。提案者は、提案依頼事項に対する回答を提案書としてまとめ、提出することが義務付けられる。

　RFP作成のポイントとして、次のことを考慮すべきである。

　プロジェクトで実現したいこと、戦略は自社で決め、それを実現する方法をシステムベンダーに求める。つまりRFPには、プロジェクトで実現したいこと（WHAT）や期限（WHEN）を明記し、それを実現するための最適な方法（HOW）や実績を提案してもらえるようにすることが重要である。実現したいことが不明確だと提案がぶれる可能性があり、実際に提案書を評価する際に、比較が難しくなる。

　複数ベンダーにRFPを提示することが一般的なので、提案書入手後に客観的に評価できるように、評価基準を事前に検討しておく。評価基準が決まっていないと、提案書入手後に決めることができず、ムダに時間が経過したり、再提案を依頼することになってしまう。その間にシステムベンダーの優秀な人材（人財）を逃してしまうことにもなりかねない。

　参考までに、評価基準の例を図表⑩・2に例示しておく。

図表⑩・1 BOM再構築パートナー選定のためのRFPの目次例

- BOM再構築プロジェクトの概要
  - BOM再構築の背景
  - BOM再構築後の新業務イメージ（問題と解決のポイント）
  - 業務要件／システム機能要件
  - 今後のスケジュール
    - RFP説明会
    - 提案書提出日
    - プレゼンテーション期間
    - ベンダー決定
    - 開発着手
- 提案依頼事項
  - 提案書への記載事項
    - ご提案の骨子（基本方針、考え方）
    - ご提案内容
      - 業務要件／システム機能要件に対するソリューションイメージ
      - 業務要件／システム機能要件に対する開発期間と工数
      - システム構成
      - その他
  - 価格
    - 見積前提条件
    - 見積価格
  - 体制
    - 人員構成／役割
    - プロジェクトチームリーダーの経歴／プロジェクト事例

図表⑩・2 RFP回答に対する評価項目例

評価項目	説明
業務課題の理解度	正確に自社の現状業務や課題を理解しているか？
類似業種への導入実績	類似業種や設備産業への導入実績はあるのか？
ソリューション提示度	自社の現状の業務の問題・真因に対する解決策が提示されているか？
パッケージ機能	保有するパッケージの機能が豊富で、標準機能を多く活用した提案になっているか？
プロジェクトマネージャー実行力・経験	ベンダー側のプロジェクトマネージャーの改革実行力や経験は十分か？
サポート体制	導入時や運用開始後のベンダー側のサポート体制は十分か？

終章

モノづくりプロセス改革で成功する企業に共通する7つの法則

本章のポイント

　最終章では、BOM再構築を広義に捉えてモノづくりプロセス改革と解釈し、モノづくりプロセス改革成功のための法則を解説していきたい。

　多くの企業で、モノづくりプロセス改革は実践されている。改革に成功して成果を獲得した企業がある一方で、道半ばで挫折して当初の目標が達成できなかった企業もある。

　そこで、筆者が関与した最近10年、約80件のモノづくり改革プロジェクトの成功要因を分析したところ、成功企業は7つの共通法則を持っていることが判明した。それらを整理してみると、企画と実行マネジメント（とくにヒューマン系）であることがわかった。

　ところで、モノづくり改革における成功とはどのような状態をいうのであろうか。投資案件にはROI（投資対効果）という概念がある。システム構築や社内人員を投入した費用を分母とし、定量的なリターンを評価した指標のことである。「ROIを評価した結果、数年で投資コストを回収できた」ということは成功の1つの定義だろう。

　ROIでなくても、当初企画時点で定義した成功基準、目標値を達成した場合も成功であるといえる。それ以外には、新しい業務プロセスやそれを支援するシステムを使った新業務プロセスが定着し、全社員が快適に活用して（主観的ではあるが）、効率性がアップしたと評価されている状態も成功と評価していいのではないだろうか。

　では、さっそくモノづくり改革の成功企業の共通法則に迫ってみたい。

法則1　明快な改革コンセプト

改革コンセプトとは何か、さらにそれを明快にするには？

● 本当に解決すべき課題とは何か

　最初に紹介する法則は「成功する企業の改革コンセプトは明快である」ということだ。改革コンセプトとは、文字どおり今後実施する改革の内容をシンボリックに表現したものである。では、明快な改革コンセプトとは具体的に何だろうか。成功企業の改革コンセプトには、通常次の要素が含まれている。

- 改革を実践する企業と、その事業に関係する人々に、ビジネス的な価値を提供している
- その企業にとって新しい業務方式やワークスタイルを提案している

　イメージを具体化するための一例を示そう。図表終章・1をご覧いただきたい。これは、サプライヤー工場で生産した部材を施工現場に輸送し、そこで工事して製品を完成させる生産モデルを持つ製造業の事例である。

　この企業では、施工工事が全国の遠隔地で行われるため、工事進捗を本社から直接見ることができない。そのため、タイムリーに必要な部材の供給ができないという問題があった。

　この事例の改革コンセプトのポイントは、施工現場の工事監督者が携帯電話上で動作するアプリケーションに工事進捗を入力すると、工事計画と部品表に基づいて自動的に次工程で必要とされる部材の手配指示がなされることだ。

　本社で作成される部材の発注・配送計画は、全国各地にある施工現場から送信される工事進捗情報から作成され、その計画に基づいてサプライヤーに発注情報が飛ぶ。この仕組みにより、必要な部材をタイムリーに工事現場に配送することができる。ジャストインタイムで部材は配送されるので、施工現場が部材であふれることはない。

　それに加え、本社の管理サイドでは、全国で実施されている工事進捗を集

中管理することができ、現場で発生する問題をいち早く察知し、対策を打つことができる。全社レベルでの在庫削減、集約発注によるコスト削減など、「経営管理的な効果も発揮する」ということも考えられる。

図表終章・2は、この改革コンセプトが事例企業にとって革新的である理由を示したものだ。今でこそ、携帯電話やスマートフォンなどを駆使したワークスタイル改革は一般的になった。しかし、この改革コンセプトが考案されたのは、携帯電話がようやく普及し始めた時代だった。ITを用いて、遠隔地の業務状況を、ほぼリアルタイムに可視化することは、当時としては

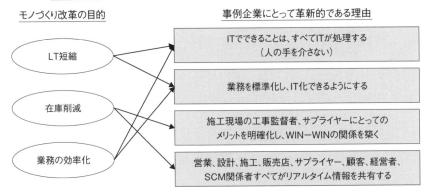

図表 終章・1　改革コンセプトの例

図表 終章・2　改革コンセプトが事例企業にとって革新的である理由

画期的なワークスタイル、ビジネスモデルの提案だったといえる。
　この事例を、前述した成功企業の改革コンセプトの要素に沿って考察すると、次のことがいえる。

- 改革を実践する企業だけでなく、施工工事や物流、部材製造するサプライヤーなどパートナー会社を含めた改革である
- 現場から離れた本社から、ITを活用して工事現場をほぼリアルタイムに可視化し、業務の効率性を高めるという点で新しい業務方式の提案である

　明快な改革コンセプトの策定はとても重要であり、同時にプロジェクトチームにとって最初にぶつかる壁であると思う。改革コンセプトを明快化するためには、現状分析から問題の真因を特定し、企業にとって本当に解決すべき課題は何か、という点を突き詰める必要がある。
　また、考案した改革コンセプトが企業活動に関係する人々にどのような恩恵をもたらすのか、新規な取組みが入っているのかについても妥協のない議論が必要であろう。
　明快な改革コンセプトを策定することは、モノづくり改革の成功企業の一番目の共通法則だ。

法則2　本質的な問題への
　　　　　アプローチ

表面的問題と本質的問題の違い、それぞれに対するアプローチ方法について理解する

● 表面的問題と本質的問題

　モノづくり改革の成功企業は、その企業の本質的な問題に対してアプローチしている。こうした企業は、時間をかけてでも、構想企画フェーズで必ず次のステップを踏んでいる。
　① 業務プロセスに対して現状分析を行い、問題と思われる事象を抽出する
　② 抽出した問題を、結果系問題と原因系問題に層別・関係付けし、問題構造図を作成する
　③ 問題構造図からその企業の本質問題を特定する。複数でも可である
　④ 特定した本質問題に対する直接的な解決策を提案する
　問題構造図の作成方法は、第6章「5　現状分析（定性分析）のポイント」でも解説したので、そちらもご確認をいただきたい。
　では、本質問題に対する解決策とはなんだろうか。その逆は表面的問題に対する解決策である。理解しやすくするために、人の病気で考えてみたい。
　図表終章・3の上半分の吹出しは、人の病気で表面的に表れている症状と、その背景になっている原因の関係を示している。最初に体の痛い個所（頭痛）に、痛みを緩和する薬を付けることが行われたが、時間の経過とともに再発を繰り返し、効果があまり出なかった。
　調査の結果、頭痛の真の原因は仕事のストレスによるメンタルや精神的負荷であることがわかった。その後、ストレスを軽減する措置が行われ、次第に頭痛を改善することができた。この例では、前者は表面的問題、後者は本質的問題に対するアプローチであったといえる。

● 問題を見極めて真の原因にアプローチ

　では、製造業の例で考えてみよう。図表終章・3下半分の吹出しは、製造業での事例をもとに作成されたものだ。「納期遵守率が低く、顧客からク

図表 終章・3 本質課題に対するアプローチ

レームが多発している」という問題が発生していた。この問題に対し、「納期管理を強化する」という直接的な対策を講じたところ、納期遵守率は改善した。しかし残業や時間外労働が増加してトータルではコスト増になり、本質的な改善には至らなかった。結果的に見ると、表面的問題に対してアプローチしていたことになる。

　納期が守れない原因は、受注することを重視するあまり、自社の合理性を度外視して顧客の要求仕様をそのまま受注していたことだった。いわゆる御用聞き営業と呼ばれるスタイルである。その結果、顧客個別の特注設計が多数発生していたのだ。

　そこで、自社の標準仕様、オプション仕様を整理し、極力それらの仕様に誘導し、受注に結び付けるための教育と実践を営業部門に対して行った。少し時間がかかったが、次第に特注設計数は削減され、時間外費用が増加することなく、納期遵守率を改善することができたのである。

　このケースを考察すると、納期管理強化は表面的な問題に対するアプローチであり、納期遵守率が低い本質原因を突き止め、提案型営業に変革したことが、本質的問題に対するアプローチであったといえる。

　モノづくりプロセス改革成功企業の二番目の共通法則は、問題構造を見極めて本質的な問題、真の原因に対してアプローチすることだ。

法則3 定量的な成功基準と結果指標のマイルストーン管理

成功企業は、定量的な成功基準とマイルストーンを管理している

●数値目標と達成時期をマイルストーンに明記

モノづくり改革の成功企業は、定量的な成功基準を設定し、最終的なゴールだけでなく、マイルストーンも含めた目標管理を徹底している。

定量的な成功基準の設定例をいくつかご紹介しよう。

(例1)
- 目的：新興国売上を増大するために、受注から出荷までのリードタイムを短縮する
- 成功基準：製品開発リードタイムを現行比30％短縮し、新興国売上を30％増大する。達成時期は2年後とする

(例2)
- 目的：技術系システムのIT運用コストを削減するために、全社で製品開発プロセスを標準化する
- 成功基準：製品開発プロセスの標準化率を90％、全社技術系システムのIT運用コストを30％削減する。達成時期は3年後とする

(例3)
- 目的：品質不具合を削減するために、テストプロセスを全社的に標準化する
- 成功基準：テストプロセスの標準化率は80％、品質ロスコストは現行比30％削減。達成時期は2年後とする。

いずれも、定量的な成功基準には、具体的な数値目標と、達成時期が明記されていることがおわかりいただけるだろう。

図表終章・4は、全社IT運用コストの削減率をKPI（重要業績指標）とし、目標達成するまでのロードマップを策定した例である。ここでは、最終的なゴールだけでなく、マイルストーンも設定されている。成功基準の達成時期が3年後だとすると、マイルストーンは1年ごとだ。

この事例では、プロジェクトリーダーは上記KPI以外に、より詳細なサブKPIも合わせて設定し、プロジェクトオーナーに対して月次で進捗実績を報告していた。これは、定性的な内容（活動内容に関する進捗）だけでなく、定量的な進捗（成果の達成度合い）を重視した報告だといえる。

● 定量的な成功基準の設定

余談であるが、定量的な成功基準の設定には、副次的な効果もある。モノづくり改革プロジェクトは時間とともに複雑化する。タスクが細分化され、課題や意思決定事項がそれに従って指数関数的に増加する。さらに、複数要素を考慮した意思決定を行う場面も増加する。たとえば、BOMシステム構築において、ユーザーの要望をそのままシステムにカスタマイズして受け入れると、どんどんコストアップし続けるが、どこまでの要望を取り入れるべきかを判断するようなケースを想像していただくと、身に覚えがある人もいるだろう。

プロジェクトリーダーは、その期間中さまざまな判断をする必要がある。判断ミスにより目標達成が遠のくこともあり、その判断如何によりプロジェクトの失敗（期間オーバーや予算オーバーなど）に直結することもある。しかし、定量的な成功基準に立ち返って、何が成功基準達成への最短距離なのか、優先してやるべきことは何なのか、を考えると、判断ミスを起こすリスクは低減できるはずである。

定量的な成功基準の設定と、マイルストーンでの徹底した目標管理、これが成功企業の三番目の共通法則だ。

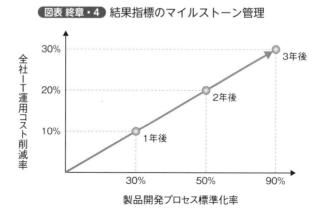

図表 終章・4 結果指標のマイルストーン管理

4

法則4 意思決定を迅速にする実行体制

プロジェクトの体制は、意思決定の速度と改革可能な範囲を決定する。

●事前に設計し、準備しておく

　モノづくり改革の成功企業は、とにかく意思決定が速い。法則4では、意思決定を迅速に行うための要素を考察してみたい。

　読者の皆さまもご経験があると思うが、意思決定や調整に時間がかかるプロジェクトは多い。内部調整に時間がかかる、部門間の整合がとれない、意思決定者への説明時間がなかなかとれない、意思決定を促すための資料を作成するのに時間がかかる、といったことが原因である。

　部門内に閉じたテーマよりも、部門横断、グローバル全体最適の場合には、さらに意思決定に時間がかかる。全社最適テーマを遂行するには、意思決定を迅速に行うための仕組みを事前に設計し、準備しておくことが不可欠だ。

　部門横断のテーマとは、たとえば2D図面による出図から、3D単独図[*1)]出図に変革するようなプロジェクトが考えられる。

　ある企業では、従来調達部門は2D図面だけを用いてサプライヤーに対して発注と検収を行っていた。また、製造部門は2D図面に基づいて検査を行っていた。しかし、今後は3D単独図を用いて、調達部門はサプライヤーへの発注、製造部門は加工・組立や検査する方向に変革することを決定した。

　開発部門のアウトプット方式を変えることは、製造関連部門やサプライヤーにまで影響する。仮にこのプロジェクトの体制に、製造・調達部門、主要サプライヤーが参画していないと、影響分析の依頼や対策方針の整合に多大な時間を要することは容易に想像できる。

　別の例としては、グローバルでの部品共通化や在庫の最適化を図るために、部品番号ルールをグローバルで再定義するプロジェクトがあげられる。この場合も部門横断（全社横断）プロジェクトとなる。部品番号ルールを変更する場合には、全社で整合を図る必要がある。設計部門が発行する部品表に記載される部品番号が変わるので、それを受け取る部門がそれに合わせた

影響分析や対策、新品番を用いた運用変更を行う必要がある。

プロジェクトの体制や権限設定が不十分なままにスタートすると、プロジェクトリーダーや事務局は、問題発生の都度部門間の調整をして、何度も議論を繰り返し、説得に奔走することになる。このようにして、莫大な時間を浪費してしまうのである。

●改革スコープに対応した体制と権限

では、成功企業はどのようにして意思決定を加速しているのだろうか。その答はシンプルである。改革スコープに対応した体制と権限を準備するのである。

図表終章・5に構想企画フェーズの体制と役割・責任の例を示す。この例では、変革の影響が全社またはグループ会社に及ぶことを予測して体制が構築された。部門間だけでなく会社間のコンフリクトも発生する。それらの調整・解決が可能であり、全体最適の方向性を決定できる役員クラスをプロジェクトオーナーとした。また、CFT（Cross Functional Team；組織横断チーム）による部門横断の問題を解決するための組織横断チームを構成した。ここに関係部門のキーマンをアサインし、自部門の制約を考慮した上で、会社全体にとっての利益を最大化する解決策を検討・提案させるのである。

実行フェーズの体制例を図表終章・6に示す。構想企画フェーズの結果、複数の解決策が提示された。これらの解決策を実行に移すために、3つの

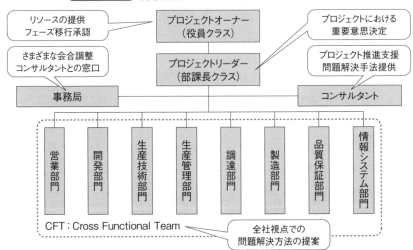

図表 終章・5　構想企画フェーズの体制と役割・責任の例

ワーキンググループ（以下、WG）を立ち上げることになった。この事例では、WG1はモジュラー設計・生産による受注仕様の標準化（営業・開発・生産管理が参画）、WG2はモジュラー生産実現のための生産プロセス改革（生産技術や製造などの複数部門が参画）、WG3はこれらを支援する情報システムの見直し（利用部門に加え、情報システムが参画）といった体制であった。WGリーダーは、各WGのミッションの遂行に関する意思決定の権限を有する。プロジェクトリーダーの役割・責任は企画フェーズとは大きく変化しないが、WGを横断した意思決定が主体になる。このような体制を構築して、企画フェーズで考案した解決策を実装した新しい業務プロセスに移行するのである。

意思決定のための体制準備が不十分なまま、何とかなるだろうという雰囲気でプロジェクトを開始し、実行フェーズで行き詰ってしまうプロジェクトは意外と多い。読者の皆さまもいま一度、体制と権限が十分か、妥協したままプロジェクトスタートしていないかを再点検されることをお勧めする。

モノづくり改革の成功企業は、企画段階から各部門のキーマンを参画させ、迅速な意思決定を可能にする検討体制を構築している。これが成功企業四番目の共通法則だ。

図表 終章・6 実行フェーズの体制と役割・責任の例

```
                    ┌─ プロジェクトオーナー ─┐
プロジェクト全体の                              WG別の計画・進捗管理
計画・進捗管理      プロジェクトリーダー        WGにおける意思決定
WGを横断した意思決定
        
        事務局 ─────────────── コンサルタント
        
    WG1リーダー      WG2リーダー         WG3リーダー
    │  │  │      │  │  │  │      │  │  │  │
   営業 開発 生産   生産 生産 調達 製造   開発 生産 品質 情報
   部門 部門 管理   技術 管理 部門 部門   部門 管理 保証 システム
           部門   部門 部門              部門 部門 部門
```

🔍 用語解説

＊1) 3D 単独図：3D モデル上に寸法や公差情報、仕上げ記号、表題欄情報などを記載し、2D 図面同等の情報を 3D モデルに持たせ、それ単独で図面として機能できるようにしたもの。

法則5　改革への関心を持続する経営幹部

経営幹部のプロジェクトへの関与の期間は1年半だ

● 経営幹部の強いリーダーシップを継続させる

　モノづくり改革の成功企業は、モノづくり改革に対する経営幹部の関与が強い。部門内の改善活動であれば、部門長の参画があればよいが、企画 → 設計 → 調達 → 製造のような、部門横断的なモノづくりプロセス改革の場合には、経営幹部の強いリーダーシップがないと、プロジェクトとしては成立しにくい。当然のことながら、全社プロジェクトの場合には、経営幹部がプロジェクトオーナーとしてアサインされるべきである。

　部門をまたがったモノづくり改革プロジェクトでは、3ヵ月くらいの短期間で成果が出てプロセスが定着できる、ということはまずない。構想企画フェーズで3ヵ月、準備とトライアルで半年、本番移行してから定着するまた半年といった具合に、ある一定の成果が見え始めるまでに最低でも1年半はかかる。成功企業の経営幹部の多くは、これを辛抱強く見守り、支援を継続している。

　改革の推進力が低下する企業では、経営幹部の関与度合いは次第に低下していくことが多い。構想企画フェーズのキックオフや最終報告会までは、経営幹部が参画して、冒頭の挨拶や会合の最後に講評を行う。しかし、実行フェーズに入ると、報告会に参加する頻度も少なくなり、次第にフェードアウトしてしまう。経営幹部の多忙さや、プロジェクトの複雑化や詳細化による部分も多いと思うが、社員やワーキングメンバーは、経営幹部の改革活動への関心に敏感であり、プロジェクト推進力に影響する。

● 関与が必要な期間は1年半

　筆者は、過去の経験から、経営幹部の関与が必要な期間は1年半であると考えている（図表終章・7）。これは、新しいモノづくりプロセスの企画をしてから、定着してある程度成果が見え、経営幹部の関与がなくても、自立遂

行できる状態になるまでの期間である。これ以上短くすることも難しいし、これ以上時間がかかってもワーキングメンバーのモチベーションが維持できない。

筆者は、改革プロジェクトのキックオフの際に、図表終章・8を用いて、改革プロジェクトで重要な3要素のお話をさせていただく。その中の1つに「トップマネジメントの決断と持続」というものがある。これができているかどうかで、プロジェクトの意思決定の速度や改革の定着度は随分違うと感じている。

成功企業五番目の共通法則は、経営幹部の、モノづくり改革プロジェクトへの関与が一定期間持続することだ。

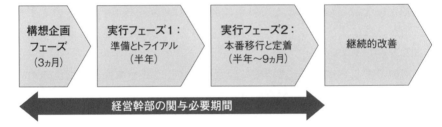

図表 終章・7　プロジェクトの進行と経営幹部の関与

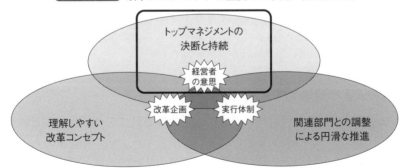

図表 終章・8　改革プロジェクトで重要な3要素（経営幹部）

法則6　部門間調整を円滑にする事務局

成功するプロジェクトには事務局が強く関係している。その秘訣は？

●コーディネーターとしての役割

　日本の製造業は機能組織別に縦割りの傾向が強く、部門間の調整、コンフリクトの解消が苦手だ。モノづくり改革の成功企業では、この役割を担う事務局のプロジェクトにおける調整機能が巧みだ。日本語で事務局というとその役割がいまひとつピンとこないが、英語ではCoordinator（コーディネーター）がそれに該当する。辞書では調整者、まとめ役と訳されるが、そう考えると理解しやすい。

　事務局の役割・責任は、基本的には定例会合やさまざまな問題解決のための臨時会合の調整、および外部（コンサルタントやシステムベンダー）との窓口である。しかし、図表終章・9に示すように、必要に応じてプロジェクトリーダー、ワーキングメンバー、コンサルタントやシステムベンダー、つまりプロジェクトメンバー全員と適宜連絡を取り、それらの間を調整して迅速に問題解決を図るためのコーディネートする役割を担っている。全社的視点が必要な場合には、プロジェクトオーナーとも直接調整を行い、解決を促進する。

●ロジックと政治力を駆使する

　成功する企業では、事務局に優秀な人が抜擢されてアサインされている。改革プロジェクトが進行すると、プロジェクトオーナー、プロジェクトリーダー、ワーキングメンバー間で微妙な認識違いや意識のズレが発生し、円滑な進行や意思決定の妨げになる。場合によっては間違った判断がなされることもある。

　図表終章・10は、図表終章・8の類似図であるが、改革プロジェクトで重要な3要素のうちの1つである「関連部門との調整による円滑な推進」を強調している。成功企業の事務局は、意思決定が滞った場合、誰と調整してど

のように解決すればよいのかを的確に判断し、関係者をアレンジして解決するまでナビゲートする。その活動が迅速である。

筆者は、ある改革プロジェクトのリーダーから、「プロジェクトの成功には、ロジックと政治力が必要だ」という言葉を聞いたことがある。ロジックとは、文字どおり論理的に説明できることだ。政治力とは、自分や相手の立場をうまく利用して巧みに物事を進めていく力である。うまい表現だと思ったが、成功企業の事務局はまさにこの能力を持っていて、プロジェクトの中で実践している。部門間調整を円滑にする事務局、これが成功企業六番目の共通法則だ。

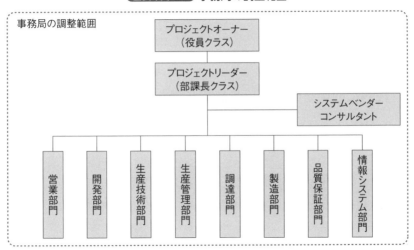

図表 終章・9　事務局の調整範囲

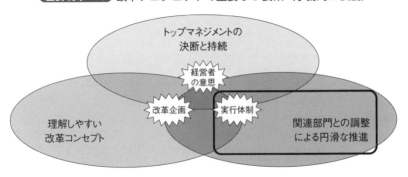

図表 終章・10　改革プロジェクトで重要な3要素（事務局の役割）

7

法則7　改革を定着・継続する情報発信

成功するプロジェクトは、定期的に社内に情報発信している

　最後の法則は、「モノづくり改革の成功企業は、改革プロジェクトに関する情報発信を定期的に行っている」である。成功企業は、プロジェクト期間中（場合によっては終了後も）、定期的にプロジェクトメンバーから全社員に向けて報告会を行っている。さらに、成功企業での報告インターバルは、3ヵ月単位であることが多い。

　筆者は、成功企業の情報発信には次のような意義があると考察する。

●継続的に成果を出し続ける意識を持たせる

　報告会は、発表者にとってプレッシャーがかかり、かつ準備に負荷がかかる仕事である。しかしそれと同時に、自身が遂行した内容をまとめて多くの人に聞いてもらうことで、モチベーションの増大につなげる役目も果たす。また、発表者は報告会の最後のまとめの部分で、次の3ヵ月の活動計画および次回の報告会日程についても説明する。

　前の報告会でコミットしたことを実践して報告し、さらに次にやることを全社員に対して宣言して、さらにコミットメントする。この繰り返しが、改革活動を継続・持続させるのである。

　図表終章・11は、モジュラー設計導入プロジェクトの推進例である。このプロジェクトでは、3ヵ月単位で何らかの成果を出し、社内で報告会または発信することを目標の1つとした。

　このプロジェクトでは、キックオフ後3ヵ月で構想企画フェーズを完了し、プロジェクトリーダーはその内容を報告会で社員の前で発表した。次の3ヵ月後は1つ目の製品Aにおいて、モジュール受注（標準化した仕様で受注）したことを発表した。次の3ヵ月後では、製品Aのモジュール化の効果測定結果（受注から出図までのリードタイムの削減率）を発表した。さらに次の3ヵ月後では、後続の製品Bでモジュール受注することを発表したと

いった具合である。

このような社内での発信活動が、プロジェクトメンバーのモチベーションアップと、プロジェクト推進力の加速をもたらすのである。

● **活動内容を定期的にまとめることで、プロジェクトの方向性を正しく修正する**

プロジェクト期間が長くなると、どうしてもプロジェクトの状況を客観視しにくくなり、あらぬ方向に向かっていることに気付かなくなっていることがある。この状況をイメージ化したのが図表終章・12である。

筆者のイメージでは、プロジェクトの成功というのはある1点だけでな

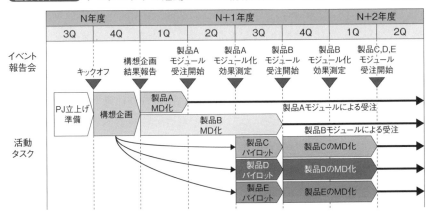

図表 終章・11　プロジェクトの活動タスクと情報発信の例（MD：モジュラー設計）

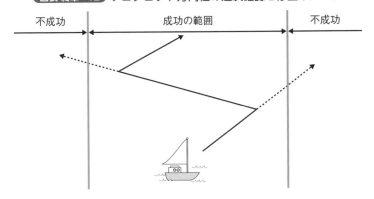

図表 終章・12　プロジェクト方向性の逐次確認と修正イメージ

く、幅を持っている。この成功の幅の中で常にコントロールしながら、最終的なゴールにたどり着けばよい。しかし、プロジェクトの状況が客観視できなくなると、進行している方向性が見えなくなり、プロジェクトメンバーが気付かない間に不成功のゾーンに入っていることがある。

　定期的に報告資料をまとめることは、プロジェクトの現在の位置付けを客観的に認識させ、場合によっては方向性を修正することができるという効果がある。

●聞いた社員の改革・改善意欲を誘発する

　モノづくり改革は、プロジェクトメンバーだけをモチベーションアップさせるわけではない。仮にプロジェクトに参画していない社員が、ある成果報告会に参加したとする。同じ会社内の報告会なので、報告内容について突っ込んだ質問や助言もできる。また、自分の業務に応用できる改善事例があるかもしれない。情報発信は、成果を企業内で横展開し、改善を誘発する効果があるのだ。

　逆に情報発信ができていない多くの企業は、改革活動が尻すぼみになり、新しいプロセスが形骸化する傾向がある。企画倒れの活動ではなく、スパイラルアップできるような活動にしたいものだ。

　プロジェクトの定期的な情報発信は、改革活動の形骸化を防止し、推進を加速する効果がある。これが、成功企業七番目の共通法則だ。

8 7つの共通法則セルフチェックの勧め

自身の担当プロジェクトや準備情報を再確認するためのチェックリスト

●意外と実践されていない共通法則

　今回ご紹介した7つの成功法則(図表終章・13)は、至極当たり前のことだと感じる人も多いだろう。しかし、これらの中でいくつかを実施していなかったり妥協したことが原因で、プロジェクト推進がうまくいっていないケースも多い。筆者がコンサルタントとして改革プロジェクトを支援させていただく際には、事前にこれらのポイントをチェックしている。この簡単な診断だけで、そのプロジェクトが成功するかどうかをおおむね予見できるといっても過言ではない。当然、不足している場合は、強化するように助言している。

　いくらよい改革コンセプトを策定しても、体制が不十分ならば成功する確率は低い。また体制が十分であっても、問題の原因分析がなされていなければ成果は出にくいものである。これらのチェックをするだけで、プロジェクトが将来成功するかどうかおおむね予想が可能だということだ。

　プロジェクトリーダーや事務局を担当している人は、いま一度セルフチェックすることをお勧めする。

図表 終章・13　改革プロジェクト成功7つの法則チェックリスト

- □法則1：明快な改革コンセプト
- □法則2：本質的な問題へのアプローチ
- □法則3：定量的な成功基準と結果指標のマイルストーン管理
- □法則4：意思決定を迅速にする実行体制
- □法則5：改革への関心を持続する経営幹部
- □法則6：部門間調整を円滑にする事務局
- □法則7：改革を定着・継続する情報発信

Memo

Memo

【著者プロフィール】
三河　進（みかわ・すすむ）
株式会社グローバルものづくり研究所　代表取締役<https://gmrc.co.jp/>
システムアナリスト（経済産業省）
大阪大学基礎工学部卒業。大手精密機械製造業において機械系エンジニアとして従事後、外資系コンサルティングファーム、大手SI会社のコンサルティング事業を経て、現職に至る。
専門分野は、製品開発プロセス改革（3D設計、PLM、BOM、モジュラー設計、開発プロジェクトマネジメントなど）、サプライチェーン改革、情報戦略策定、超大型SIのプロジェクトマネジメントの領域にある。また、インターナショナルプロジェクトの複数従事経験があり、海外拠点のプロセス調査や方針整合などの実績がある。

主な著書：
・『DX時代のPLM/BOMプロセス改善入門』日本能率協会マネジメントセンター（2022）
・『製造業の業務改革推進者のためのグローバルPLM─グローバル製造業の課題と変革マネジメント』日刊工業新聞社（2012）
・『BOM/BOP活用術』日経xTECH（2016）
・『グローバルPLM〜世界同時開発を可能にする製品開発マネジメント』アイティメディア社MONOist（2010）
など多数。

5つの問題解決パターンから学ぶ実践メソッド
BOM（部品表）再構築の技術

2018年12月20日　初版第1刷発行
2022年7月30日　　　第2刷発行

著　者──三河　進
　　　　　Ⓒ2018 Susumu Mikawa
発行者──張　士洛
発行所──日本能率協会マネジメントセンター
〒103-6009 東京都中央区日本橋2-7-1　東京日本橋タワー
TEL 03(6362)4339（編集）／03(6362)4558（販売）
FAX 03(3272)8128（編集）／03(3272)8127（販売）
https：//www.jmam.co.jp/

装　　　丁──岩泉卓屋（泉屋）
本文DTP──株式会社森の印刷屋
印刷・製本──三松堂株式会社

本書の内容の一部または全部を無断で複写複製（コピー）することは、法律で認められた場合を除き、著作者および出版者の権利の侵害となりますので、あらかじめ小社あて許諾を求めてください。

ISBN978-4-8207-2693-7 C3034
落丁・乱丁はおとりかえします。
PRINTED IN JAPAN

JMAMの本

ミスをなくし、仕事を見える化する方法
オフィスの業務改善100の法則

松井順一[著]　佐久間陽子[著]

四六判 並製 224頁

オフィスの業務改善では、いかに早く正確に仕事を処理するかという方法を考える前に、「この仕事の価値は何であるのか」「自分の役割は何であるのか」を実現する手段を考えていくことが基本です。そして、仕事にやるべき価値があるかどうかは、いったんその仕事をやめてみて問題がなければ、それは「ムダ」な仕事になります。
本書は、仕事のムダを取る考え方を示したうえで、生産性が高まるためのオフィスワークの改善ツールを100個、図解で紹介します。

6ステップで職場が変わる！
業務改善ハンドブック

日本能率協会コンサルティング 著

A5判 並製 272頁

オフィスで働くホワイトカラー、管理部門に向けた業務改善の基本書。
近年ニーズの多い「働き方の改革(ワークライフバランス)」についても触れて、企業で進める改革の2つのタイプである部門単位の改善推進と全社横断の改善推進の両面について、ステップに沿って必要なポイントを整理してわかりやすく解説します。
改善の各プロセスで推進担当者がすぐに使えるフォーマットやツールも豊富に紹介します。

日本能率協会マネジメントセンター